サボる時間術

理央 周

日経プレミアシリーズ

序章　なぜ時間は管理できないのか

サボっているのにできる人、忙しいのにできない人

しばしばサボって、ボーッとしているように見える人が、素晴らしい成果をあげることがある。

一方で、まじめなビジネスパーソンは皆、寸暇を惜しんで仕事をしている（ように見える）。日本人は元来とても几帳面な性格である。かくいう私も、ファイロファックスのＡ５のシステム手帳に、細かなスケジュールを30分おきに書き込んでは日程を埋め、手帳をレビューするごとに、

「よし、今週もスケジュールがいっぱいだ」

と一人悦に入っていた。

忙しく時間に追われていると、あっという間に1日が終わる気がする。そして、「今日もがんばった。これだけ忙しいのは、できる自分に仕事が集まってくるからだ」と妙な満足感に浸っていた。

しかし、ふと振り返ってみると、面倒で手間のかかる仕事には手をつけていなかったり、重要なプロジェクトの企画書づくりをいわゆる「やっつけ仕事」で片づけていたりすることもあった。

ほかにも思い出すことがある。

私は高校受験のころ、効率的に勉強をしようと、1週間の時間割を組んで机の前に貼っていた。

朝食の前に予習をする、放課後は塾へ、帰宅して夕食を終えたら10時までは学校の宿題、それから深夜1時に寝るまでは受験勉強……という具合だった。それぞれの科目にかける時間もまんべんなく割り振りをしていた。

そしてご多聞にもれず、この時間割が正確に守られた記憶はない。

3分刻みで時間を管理しろ？

私はいくつかの会社でマーケティング関連の仕事をしたあと、名古屋で地元企業のお手伝いをするマーケターとして活動している。

起業したてで従業員を持たない私にとって、iPhoneやGoogleカレンダーのような、スマートフォンやクラウドサービスはそれだけで何役もこなしてくれるので、仕事に必要不可欠なツールになっている。

私は「ツイッター名古屋交流会」という、会員数2700名を超える全国最大規模の地域ツイッター交流会に所属している。メンバーは、100以上ある「部活」と呼ばれるコミュニティで活動し、私もマーケティング部の部長として、定期的に勉強会を行っている。

以前、iPhone部と合同で勉強会を開催したときには、

「iPhoneでGoogleカレンダーに同期させるには『さいすけ』が一番だ」

「名刺管理アプリはCamCardを使うと手間が省ける」

など、どのアプリが使いやすいかという話でもちきりになった。

アップルストアにログインすると、iPhoneの各種アプリをカテゴリーごとに検索できる。ビジネスやブック、教育といったカテゴリーに並んで「仕事効率化」というカテゴリーもあって、カレンダーをはじめ、「時間管理術」や「業務効率化」のアプリが数多く並ぶ。ビジネス誌では「厳選おすすめアプリ！」といった特集が毎週のように組まれている。

一般的に「できる」と思われている人は、寸暇を惜しんでバリバリ働く姿がイメージされる。時間管理を厳格に行い、スケジュールはびっしりで、いわゆる仕事の効率化であるライフハックを地でいくようにスマートフォンやモレスキンの手帳を片手に仕事をしている人を思い浮かべる。

雑誌では「時間管理は3分刻みで」といった特集が組まれ、インターネットサービスを駆使してスケジュールを管理すべき、という本も数多く出版されている。

この時間管理術のトレンドにならうように、若手ビジネスパーソンはムダな時間を徹底的に排除しようとする。地下鉄ではスマートフォンを使い、カフェではPCを開いて、一心不乱に仕事に取り組む人、というのもごくありふれた情景になっている。

時間管理術が仕事の達人ではなく
マニアを量産するのはなぜだろう

もちろん業務を効率化し時間を管理することは非常に重要だと思う。実際に、「もう少し時間があればあれもできた、これもできた」と感じることだって多い。

ただ、あまりに時間管理術や仕事の情報が多くなりすぎたのか、それぞれの「時間術」が細分化されすぎているように見える。深く細かくなっていくばかりなので、全体を見渡してみると、とてもマニアックになっているのだ。

時間をうまく使って業務効率を上げていくことは、手段であって目的ではない。仕事をするうえで本当に重要なのは、成果を出すことなので、結果を出せる人こそが本当の仕事の達人となる。

ところが「時間管理術」をマニュアルどおり実践しようとすると、時間を管理するテクニックのマニアになってしまう。さらに言えば、時間を管理するというよりも、スケジュールを管理することに熱心になってしまって、成果を出すための本質を見逃すことになりがちだ。ちまたにあふれている時間管理術の多くは、中学生、高校生が自宅勉強の時間割をつくっても、結局は成果があがらないという話に、よく似ているようにも思える。

マニュアルに忠実なデートをする人は、はたして魅力的なのだろうか

ビジネスパーソンには、「こなす」仕事と「創造する」仕事がある。

市場は成熟化しているし、経済のグローバル化も止まらない。技術の発展に伴って、情報や情報を入手する手段は多様化するばかりである。

すでに多くの人が言及しているように、こうした状況下では、企業は従来どおりの商品やサービスを同じように提供し続けるだけでは、変化の速い市場についていくことができない（もちろん例外はある）。

ビジネスパーソンだって同じだ。あらかじめ設定された範囲内で仕事を「こなす」のに加

えて、「無から有を創りだす」仕事が必要不可欠になってくる。

この「創造」という仕事から生み出される成果物こそが、会社にとっては、ヒット商品や長く愛されるサービスとなるのだし、個人にとっては「できる」という評価につながるのである。

マニュアルによる時間短縮術が実行できれば、こなす仕事の業務効率改善に役立つことが多いのは間違いない。ライフハック的な考え方がまさにそうで、本来1時間かかる作業を半分にすることも場合によっては可能かもしれない。

一方で、「創造する」仕事はマニュアルどおりにはいかない。そもそもマニュアルなんてない。付加価値の高いクリエイティブな仕事、つまり経験と直感と知識を統合して「創造的な成果」を生み出すためには、マニアックかつマニュアル的な時間管理に熱中しても意味がない。

デートの場面を思い起こしてみるとわかりやすい。

古い話で恐縮だが、1980年代には「ポパイ」や「ホットドッグ・プレス」などの雑誌がデートの進め方を青年たちに指南し人気を博していた。

待ち合わせ場所やお茶をするカフェバー、見て回るべき最新流行スポットに、ディナーを食べるレストランやメニューの選び方までこと細かに書かれてあった。恥ずかしながら、私も再々利用したものだった。

しかし考えてみれば、マニュアルどおりのデートは、はたして本当に相手がしてほしいことだろうか。

もちろん多くの人が、おしゃれなスポットには行ってみたいだろうし、ショッピングも楽しみたいだろう。でも一番の望みは、気のきいた言葉や一生懸命選んでくれたプレゼントではないだろうか。

仕事の成果と時間管理の関係もデートと同じだ。

マニュアルに沿って時間効率を上げ、こなしていくことも重要だが、付加価値を創造することが本来最も重要で評価されるべき仕事になる。

ショップやレストランでのメニュー選びは、ある程度まではマニュアルで下調べをしていってもよいと思うが、「大事なメッセージ」や「想いをこめたプレゼント」はマニュアルの外にあり、自分で知恵を振り絞って考え抜いて初めて相手は感動してくれる。

この感動こそが、その後の交際というデートの「成果」につながっていくのだと思う。

ドラッカーに学んでわかる「細切れの18時間より……」

企業には、ヒト、モノ、カネ、情報などの経営資源がある。個々のビジネスパーソンにとってもさまざまな経営資源があるのだが、中でも大切なのは時間である。

経営学を初めて体系化したと言われているP・F・ドラッカーは『経営者の条件』（ダイヤモンド社）の中で、「時間はあらゆることで必要となる。ほとんどの人が、この代替できない必要不可欠にして特異な資源を当たり前のように扱う」と述べている。

さらに、「成果をあげるには自由に使える時間を大きくまとめる必要がある」「たとえ一日の四分の一であっても、まとまった時間であれば重要なことをするには十分である。逆にたとえ一日の四分の三であってもその多くが細切れではあまり役に立たない」（同書）とも言っている。

つまり細切れの18時間よりも、まとまった「自由に使える」6時間のほうが成果を出すためには重要だと解釈できる。

こなす仕事と創造する仕事を決定的に分けるのは、このまとまった時間、自由に使える時間を必要とするかどうかだ。

私の場合は、経営者向け、女性限定個人事業主向け、中間管理職向け、とさまざまなマーケティング講座を開催するのだが、毎回テーマはゼロから考えなければならない。たとえば、同じフェイスブック講座でも参加者によって期待する内容が異なる。

経営者対象であれば「結果を最優先するので、実施した場合のシミュレーションを入れよう」とか、女性対象であれば「感性が大切なので、まずは活用したあとの自分の姿を想像してもらおう」など、いろいろと思いを巡らせて大きなテーマをまとめたうえで、具体的な講座のプランを固めていく。

こうした思考のステップは企業内でマーケティング・マネージャーをしていたころも同じで、たとえばアマゾンのマーケティング・マネージャー時代には、

「DVDのストアを立ち上げるけれど、利用者層に一番響くコピーと広告表現は何だろう」

「今回のキャンペーン広告の組み合わせは新聞と雑誌にするのか、それともラジオを組み合わせるのか」

というふうに、「1人ブレーンストーミング」をしていた。その内容をざっくりとまとめておいて、企画書に落とし込んで社内規定に沿って会社の承認をとるというプロセスになる。

つまり企業規模にかかわらず、この「創造する」仕事のステップは同じで、作業をすれば任務が完了するというわけではない。きわめて効率化が難しい仕事なのだ。だから、どうしてもまとまった時間が必要となる。

サボる時間をまず確保しよう

前置きが長くなってしまったが、「限られた時間でいかに成果をあげるか」が本書のテーマである。

前述したように、人は時間を管理しようとして、スケジュールを管理したがる傾向にある。用意周到に時間を区切り、最先端の時短ツールを駆使して、業務を効率化しようとする。そして、設定したスケジュールがそのまま遂行できることはまずない。

「忙しいところ悪いが、A社への見積もりを再提出しなければならない。再計算を今日中にやってくれ」という上司はどこにだっているし、「納品された商品の調子が悪い、今すぐ様子を見に来てくれ」という顧客だって珍しくなんかない。いくら時間を管理しようとしても、自分でコントロールできない事態が発生することが常なのだ。

急ぎの「こなす仕事」と成果をあげるための「創造する仕事」があると、緊急度の高い仕事を優先させ、本来重要な創造する仕事に時間を割り当てられなくなってしまう。

そもそもスケジュールどおりにことは運ばないのだから、こなす仕事をどんどん片づけて創造する時間を生み出そうとしても、土台無理な話である。そこで提案したいのが、創造的な仕事に集中できるように、こなす仕事をしないで自由に使える「サボる時間」を、「まとまり」としてまずブロック（確保）してみようということである。

アポは入れない、手も動かさない。

そういうサボる時間をいかに確保し、その時間に集中して創造的な仕事ができるかが、のちの成果につながっていく。サボる時間を決め、残った時間に「こなす仕事」に集中するほうが、効率も上がるのだ。

ビジネスパーソンにはさまざまなタイプの人がいる。忙しそうに働いて成果をあげる人、あげられない人、サボっているように見えて本当にサボっている人、なぜか成果をあげられる人……。そして成果をあげられる人は、例外なく自分の頭を使って考えている。

冒頭に「ボーッとしているように見える人が、素晴らしい成果をあげる」と書いた。この人（サボり人間）は、おそらく要領よく時間を使って相当にものを考えている。

ビジネスパーソンと時間と成果の関係はどのようなものなのか。また人生を充実させるには、どういう働き方が効果的なのか――。ヒントは、恒常的に成果をあげている「サボり人間」にあると思う。

本書が提案しているのは、マニュアルではない。仕事と時間をどうとらえるか、その考え方と分析の方法である。やり方は人それぞれ違っていてもいい。限られた時間を有効に使っていくために、これから皆さんと一緒に考えていきたい。

もくじ

第3章

第4章

第5章 なぜサボるのか……169

イラスト◆岡田丈
編集協力◆鮫島敦／沖津彩乃（アトミック）

第１章

まじめな人ほど「時間がない」と言う

外資系の仕事と人と成果の関係

ビジネスパーソンが限られた時間で、いかに「成果」を最大化するかを考える前に、そもそも「成果」はどのように評価されるのかを考えてみたい。

私は起業するまで25年間の会社員生活を送ってきた。アメリカのビジネス・スクールでMBAを取得したこともあって、社員として勤務した11社のうち、およそ半分はアメリカに本社を置く多国籍企業であった。

初めて外資系に勤務したのは28歳で、フィリップモリス株式会社（現フィリップモリスジャパン）というタバコを中心商品に据えた総合食品会社だった。オフィスのスペースの贅沢な使い方や会議の進め方、社内資料はすべて英語など、日本企業とはあらゆる面で違いがあり、戸惑うことばかりだった。

外資系企業の人材に関しての特徴は「仕事に人をつける」という点にある。大手日本企業の場合は、4月1日付で新入社員を一斉採用して優秀な人材をまずは確保し、個々の適性を診断したうえで職を割り振るというのが一般的だ。つまり「人に仕事をつける」ことになるのだが、外資系企業ではその逆なのだ。

ほとんどの外資系企業は、ビジネスの状況に応じて「必要な人材」をその都度採用していく。

その際に、まずは「現在の業務規模に対してこの職＝ポジションが必要なので採用を検討する」というステップになる。その仕事が本当に必要かどうかを判断してから、人材を確保するという手順を踏む。

具体的に説明すると、外資系のマネージャーは、自分の職務について会社から評価される際に、自らのチームの編成をどうするかについても同時に考え、「部下が必要」となれば、所定の手続きを経て自分の採用したい人材の職務を規定する「ジョブ・ディスクリプション」を作成する。

ジョブ・ディスクリプションの中には、採用したい人材が満たすべき学歴や前職の職種、給与レベルに加えて、以下のようなポイントをまとめて上司に提出する。

●当該ポジションが達成すべき仕事＝ジョブの具体的目標値
●ジョブ完遂のためには、どのような技能を持った人が必要なのか
●組織、特に上司と部下との業務範囲の違い

入社時からジョブ・ディスクリプションという書類によって職務の範囲を具体的に規定されたうえで雇用契約を交わす。その条項には具体的な数値による達成目標が記載されている。社員はその目標の達成度によって査定され、昇給と昇進が決定する。

外資系でもある程度の年功序列的な昇給はあるのだが、基本的には数値目標の達成具合によって報酬が決まる。だから1年に数回（企業によって回数は異なる）の昇給・昇進発表の時期になると、

「今回の組織変更でAさんがマネージャーか。やりにくくなる」

「同期のBに先を越された。そろそろヘッドハンターに電話しよう」

などという話がランチタイムの定番になっていた。

「この給料だったら、ここまでやればいい」の心理はどこからくるか

こうした外資系の企業風土については一長一短がある。

外資系では、会社側も終身雇用を前提にしていないので、同年代の日本企業の社員と比較した場合、給与やポジションが高い場合が多い。そのぶん日本企業よりも退職金制度が見劣りする場合もけっこう見受けられる。

また、成果によって報酬が決まるのは間違いないのだが、一部の金融系の職種は別として、120％の達成率であっても200％達成した場合でも、達成率が昇給にそのまま反映されるわけではなく、ポジションだって2段階特進などということはほとんどない。

だから部下の側は、目標達成に対するインセンティブ（誘因）は強い一方で、「この給料であれば、会社の業務はこの範囲でやりきればOK。自分は職務範囲の仕事をきっちりとこなしているので、あとの時間は何をやっても自分の裁量だ」

という心理状態になりがちなのである。

上司も目標を達成している部下については、「まあ、こいつは大丈夫だな」という目で見る。するとその部下に対しては、容認する自由裁量の範囲が広くなる。この職務範囲とやるべきことの自由度は、そのまま時間管理の自由度につながっていって、裁量権を容認された部下は、同時に時間の使い方を自分で決定できるようになる。

「月曜日から来なくていいから、私物だけ持って帰ってください」

結果を出せないときの会社側の対応について、外資系の場合は非常にドライであるというのは本当で、「仕事に人がつく」ために、職務を完遂できなければ会社にとって「不要」な人物とされてしまう。

業績目標を達成できない社員に対しては、退職勧告をすることもよくある。厳しい業界では「アウト・オブ・マンデー」（月曜日にはもう会社にはいない）と言われ、金曜日に、

「月曜から来なくていいから、デスクの私物だけ持って帰ってください」

という勧告を受けることもある。

だから外資系の社員も、会社に従属するというよりも、会社と自分との関係をドライに考えるようになる。会社が業績ダウンしたり、自分が会社に合わなかったりする場合は、「会社から切られることもある」と肌で感じるようになる。そのため、「自己研鑽に励まなければ仕事がなくなる」という危機感を持つ社員も必然的に多くなる。

自分の価値を上げなければ、会社の中で創造的な仕事もできないし、また転職もできないからである。そのためにも、自分を磨く時間、思考する時間を大切にしなければならない。

余談になるが私は10回も会社を変わっている。それぞれの実績はどうかというと、5勝3敗2引き分けといったところだろうか。この勝ち負けは、自分の職責に応じた付加価値を仕事で出せたかということで、勝敗の分かれ目は、価値を生み出す時間が確保できたかどうかにあったと思う。

この価値を生み出す時間とは、会社のオフィスで働いていた時間ではなく、やはり序章でも言及した自分で自由に使えるまとまった時間＝サボり時間であった。

会社から評価されないできる人とは

外資系企業では「成果」によって評価され、目標を達成した人には仕事も、さらには時間の使い方までも自由裁量権が広がっていくのに対し、典型的な日本企業の場合は、少し様相が異なる。

たとえば、2種類のタイプの人がいるとする。

いつも忙しそうに働いている。毎日の残業もいやがらない。上司の言うことはきっちりと聞き、すべてを受け入れる。しばしば週末も会社に出てきて仕事をする。いつも「会社」のことを気にかけていて、人事をはじめ社内事情には詳しい……。

これをAタイプとしよう。その一方で、

時折、暇そうにボーッとしている。出勤しても始業時刻までは机で新聞を読んでいる。周囲が残業していても5時にはぴったり帰宅する。ランチに出かけたら2時間くらい帰ってこない。休日出勤は絶対にしない。自分の意見ははっきり表明する。プライベートを大切にし、上司からの急な夜の誘いにもほとんど応じない……。

という人をBタイプとしてみる。

類型化が極端ではあるが、日米双方の企業文化を経験してきた私の印象では、日本企業の場合、Bタイプの人は、どんなに仕事の成果がよかったとしても、会社や上司から「あいつは扱いづらいヤツだ」とか「自分勝手な人間だ」と思われてしまうので、責任のある地位や大きな仕事をなかなか任せてもらえない傾向が強かった。

もちろん外資系でだって、上司に気に入られることも、会社への忠誠心を示したりすることも、昇進をしようとする場合は、絶対的に重要な要素ではあるのだけれど、それでも成果によって個人の評価が左右されてしまう度合いは、日本企業に比べて強いように思う。

外資系の企業文化と同じように、日本企業の文化にも一長一短がある。日本企業における会社への帰属意識や仲間意識の高さは、ある意味、組織としての強さの源泉になっている面はあるのだろう。

だが、外資系と日本企業のどちらの文化が優れているのかをここで論じてもあまり意味のあることではない。むしろ大切なのは、日本企業のこれからを考えた場合、成果重視の傾向が強まることはあっても、弱くなることはけっしてない、ということなのだ。

まじめな人ほど、「忙しい」「時間がない」と言う

そこで改めて考えてみる。

Aタイプの人、いわば従来型のまじめ人間とも呼ぶべき人にも、「できる人」と「できない人」はいる。このタイプで成果があげられない人は、「時間がない」「忙しい」が口ぐせになっていて、社内活動やムダなプロセスなどに時間を費やすために本業がおろそかになっていることが多い。

一方で、Bタイプの人は、あまりガツガツ働いている印象を周囲に与えない。つまり一見サボっているように見える「サボり人間」という感じである。この中にも「できる人」「できない人」というのはいて、成果があげられない人は論外なのだが、成果が高い人はとても「うまくやっている」のである。

ワークライフ・バランスが声高に叫ばれるご時世である。残業や休日出勤もいやがらずに

仕事にすべてを捧げる人というのも会社から喜ばれなくなっていく。

もちろん上司の言うことを聞かないとか、社内の飲み会は一切断るなどは、まだまだ現在の日本企業ではやりづらいだろうから（外資系も、そのあたりの事情はさほど変わらないのだが）、サボり人間のすべてを見習うことをお勧めしたりはしない。

それでも、できるサボり人間としての側面は、これから多くの人にとって必要となっていくのだ。

ドラッカー先生に再び学ぶ、仕事ではなく時間の管理から始めよ

仕事ができる、できないにかかわらず、まじめな人たちの多くは、「やらなければならない作業」を「やるための時間」をまず確保する。そして「空いている時間」でものを考えようとする。

私たちが一般に「できる人」としてイメージするのは、いつも忙しそうに働いている人で

あると書いた。

本当に超優秀で、短時間のうちに創造的な思考力を発揮できるケースもたしかにあったりする。だが、一般人がマネできる芸当ではないので、ここではひとまず考えないことにしよう。

一方で昼間は、こなす仕事や人と会う時間を目いっぱいにとって、人の見ていないところで創造する仕事、思考する仕事をしているケースもあって、こういう人も成果はそれなりに高い。ただし、生活のほとんどを仕事に捧げるというのもそうそうマネができるものではない、というよりお勧めできない。

だから有効に時間を活用するには、先にも書いたように、まったく逆の発想で、「創造する時間＝サボる時間」を優先的に確保して、残っている時間にやらなければならない作業や、得意先とのアポなどを入れていくのである。

ではここで再度ドラッカーに登場していただき、その言葉を引用してみよう。

「成果を上げる者は仕事からスタートしない。時間からスタートする」（前掲書）

まさにビジネスの目的である成果のための「創造する仕事」に充てる時間を最初に確保す

まずはサボる時間を ブロックする

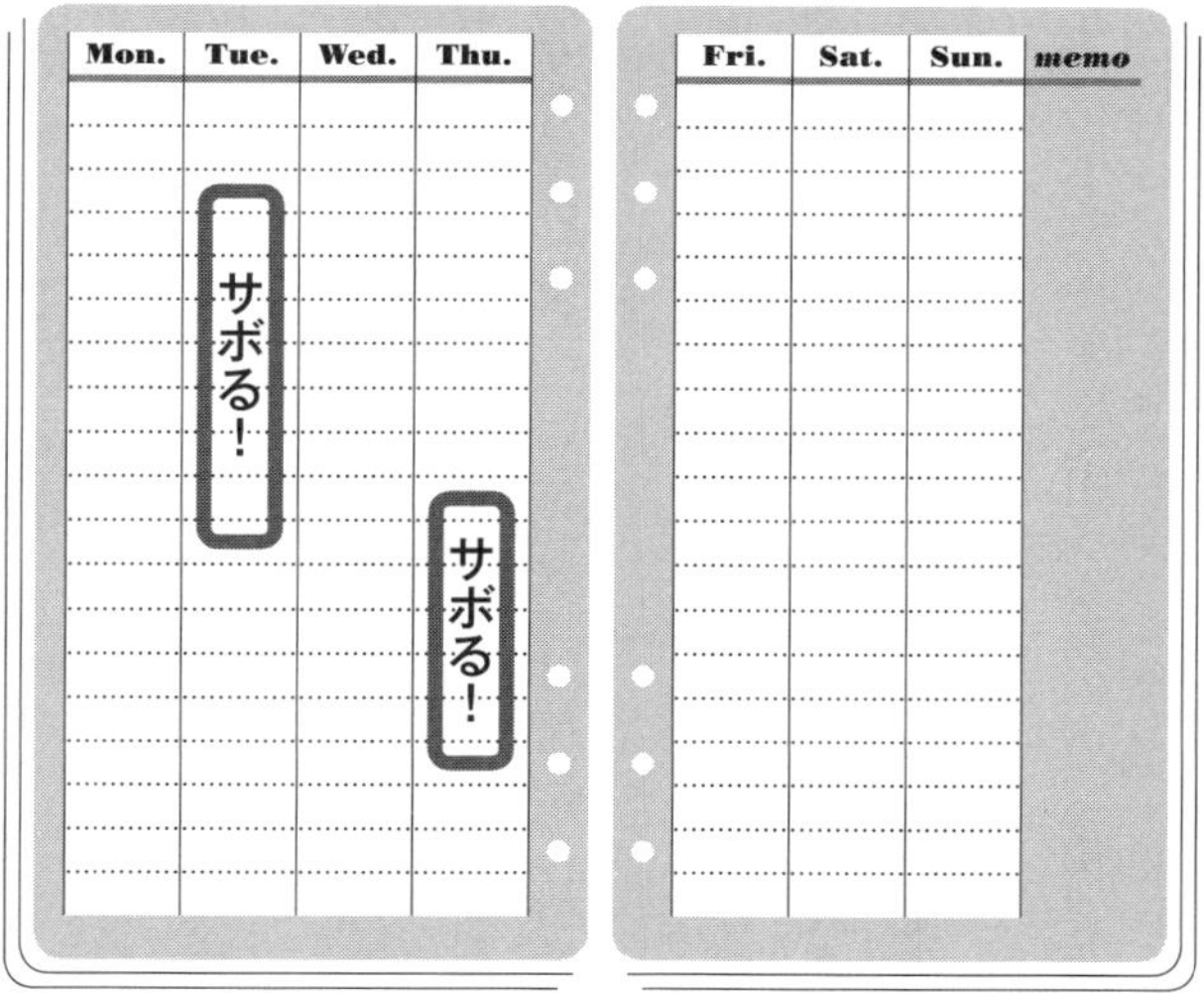

● 創造的な仕事をする時間をまとまりで確保する。
●「こなす仕事」をする予定は空いた時間に入れる。

ることが重要なのだ。

ここで、序章で取り上げたドラッカーのメッセージも含めて、ビジネスパーソンが「時間」についてどのように考えるべきか、そのポイントをまとめると次のようになる。

●時間は重要な経営資源として認識せよ

●時間の割り振りからスタートせよ

●まとまり時間を重視せよ

創造する仕事に時間がかかるのは、人間の脳はエンジンが温まり本調子になるまでに時間がかかるからである。途中で尻切れトンボになってしまった思考作業は、次に手をつけてもまた最初からエンジンの温め直しになり、それなりの時間をかけないと再び最後までたどり着かない。

ただし仕事をしていると、突発的な用件以外にも、社内会議や取引先との会食など自分で管理できない時間はある。この自由に使えない時間は、企業規模が大きくなり組織が複雑になるほど、あるいは組織内での責任やポジションが高まってくるほど多くなっていく。

こうなってくると創造する仕事のための「サボる時間＝まとまり時間」を確保することがさらに困難になる。

私が1週間に丸2日は「サボる」ことになったわけ

まずはサボる時間、まとまり時間を確保するために、仕事の全体を俯瞰してみるところから始めてみる。

今日のスケジュールを今日の朝に決めるのではなく、月例会議や経理の締めの前後など、ポイントとなる時点を決めて、1カ月全体のスケジュールをざっとレビューしてみる。

次に1週間のスケジュールを検討して、定例会議などが入るところ以外の時間帯に思い切ってサボる時間を確保するのだ。私は1週間に丸2日に相当するくらいは確保するようにしている。手順はこうである。

❶まず仕事を洗い出す――過去1カ月に、自分がしてきた仕事を書き出してみる。
❷次に各仕事を分類する――「こなす仕事」と「創造する仕事」に分ける。こなした仕事を定期的な仕事と突発的に入ってきた仕事に分ける。
❸分けたら診断する――できる限り「創造する仕事」の時間をとれるように、定期的に「こなす仕事」をまとめて片づけられるように1カ月の日程を組んでしまう。

私が1週間に丸2日もサボり時間を確保しているというのを読んで、「そんなの多すぎる」と思った方もいるだろう。

しかし、右の手順でも記したように、突発的な「こなす仕事」は1週間のうちにけっこうな頻度で降ってくる。それに時間をとられると、定期的なこなす仕事に手をつける時間がなくなるので、バッファーは長めにとっておかなければならないのだ。

もちろん、人によって思考にかかる時間はそれぞれ違うはずだから、自分なりの考えで進めていただければと思う。時間や仕事の量と質を分析し、仕分けする考え方についてはさらに詳しく後述する。

仕事は時間を売って成立している

コンサルティング業や弁護士・会計士などの、いわゆる「士業」などでは、顧客へ請求する金額は自分がそのプロジェクトにかける時間を単位にしている。波頭亮氏の著作『プロフェッショナル原論』（ちくま新書）にあるパーディアムという考え方が基本になる。

コンサルタントとしての報酬の基準の1つは、このパーディアム＝時間単価で、時間単価を高く設定できれば、それだけ累積の報酬も増え、同時にクライアントに報酬に見合う価値を提供できることになる。

報酬　＝　パーディアム（時間単価）　×　累積の時間

報酬は時間単価と累積時間の掛け算の結果なので、1日24時間という限られた条件の中でどれだけの時間を仕事にかけられるかで報酬の多寡が決まる。

さらに企業活動として見た場合、クライアントが複数いる中で、売り上げを最大化するためにはこの累積時間の効率化が非常に重要になってくる。

これをわかりやすく損益計算書＝ＰＬにしてみると次ページの図のようになる。

通常のＰＬでは、売り上げから仕入れを引いて粗利を出し、そのあとに販売促進費や販売管理費などを引いて営業利益を算出するので、一番左の列のような形になる。

コンサルティングの損益を会計の原則に従って考えると、中央の列のようになる。ただここで気をつけたいのは、時間を費やして調査をしたり資料を作成して顧客に請求＝チャージするので、そのぶんを「見えないコスト」として換算し、あらかじめかかる時間を「必要な時間コスト」として計上するという考え方でいくと、一番右の列のような考え方になる。

もちろんこれは会計上の「財務諸表」としての損益計算書に表れてくるわけではなく、人件費として計上されるのだが、このように指標として自分の中ではおさえておくといいのではないだろうか。

そもそもパーディアムを上げて売り上げを上げることは重要だが、同時にコストを下げる企業努力も重要である。同じ額の営業利益を稼ぎ出すために、売り上げを上げることよりも

時間をコストとして考えてみると……

コンサルタントの仕事を損益計算書（PL）で見る

	ふつうの会社	コンサル1	コンサル2
売上	100万円	100万円	100万円
仕入原価	50万円	0円	50万円
粗利	50万円	100万円	50万円
販売促進費	20万円	0円	0円
販売管理費	20万円	20万円	20万円
営業利益	10万円	80万円	30万円

- 準備や調査のための **時間** は、仕入れと同じ。
- よって、コンサルタントも**2**で見ないといけない。
- だから、作業効率を高めないと、利益が出ない。

コストを削減するほうが簡単な場合もある。

製造業や小売業で、仕入れ価格を抑えて利益を上げていく、という考え方をするのと同様に、自分（自社）の利益を上げるためには、時間コストを下げる努力、つまり時間の効率化はとても重要なポイントになってくる。

価格で競争すると低く見られる、時間で競争すると顧客も喜ぶ

こうした時間コストを下げることによって利益を生み出すという考え方は、コンサルタントや弁護士だけでなく、セラピスト、カウンセラーなど、無形のサービスを提供して付加価値を生み出すほとんどの職業にあてはまる。

横並びで他の人と同じでは競争で置いていかれてしまう。個人事業主や士業では特にそうだ。彼らが（私もそうだが）顧客に価格や見積もりを出すときに、同業他社と同レベルかやや低い設定をする場合があるが、それで仕事がとれるかというと、そう簡単にはいかないと

ころが難しい。

顧客がその価格を見た場合、「同業他社に比べてサービスレベルが落ちるのではないか」「質で勝負できないから、価格で勝負している」と受け取られてしまうのだ。

同じ10万円の収益を上げることを考えた場合に、1時間あたり1万円の価格であれば、10時間必要になるが、時間あたり2万円にすれば5時間で済む。

つまり仕事にかかる時間が半分で済むので、残りの時間を他の顧客のために使うこともできるし、さらに付加価値の高いサービスの開発に充てることもできる。また、営業活動を展開することもできる。そうなれば、顧客の満足度も高まるし、収益も向上させることができる。

だから、時間あたりの生産性を上げなくてはいけないのだ。

こうした考え方は、個人事業主だけでなく会社員だって同じである。こなす仕事（＝作業）をできる限り効率化できれば、創造して付加価値を出す仕事（＝価業）をする時間がさらに多くとれるようになり、成果は向上していく。

顧客、勤務先にどれだけの価値を与えられるかによって、設定される時間単価や時間あたりの生産性は上がっていく。そのために価値創造のレベルを上げなければならない。つまり、その時間、その仕事を精いっぱいがんばるというのでは足りないのである。

この価業と作業にはどういうものがあるかというと、

【価業】

・企画立案
・新しい価値を生み出す気づきを得る時間→現地で直接見てみる、新しい考え方を得るために勉強会やセミナーに出席する
・新しい考え方、ものの見方を醸成するために、会社外の人など、価値観の違った人たちと会う

【作業】

・リサーチ結果、営業数字の見直し
・毎日のルーティン作業

といった分類ができるかもしれない。

サボる時間に何をするのかが重要だ

この「まとまり時間、サボる時間に何をすべきか？」に対する答えが価業となるのだが、それは「仕事で成果を出すための仕事」であるべきだ。

具体的には、まず目標設定や戦略立案などの川上の仕事と、結果のレビューや次の一手のためのアクション・プランなどの川下の仕事になる。

たとえば、私が経験したマーケティング・マネージャーにおける川上の仕事とは、次のようなポイントを考えることだ。

- **新製品でねらうターゲット層を探る**
- **最も強調すべき自社製品の強みを考える**
- **ターゲットに一番響くキャッチコピーをつくる**

さらに川下の仕事はこのようになる。

- **今回のキャンペーンを振り返り、次回に活かせる点を洗い出す**

●次の新製品に取り入れられる点は何かを考える

これらを考え抜くために使う自由な時間が「創造する時間」にあたる。この点をしっかりと押さえておくことによって、アイディアを出し切ることができ、そこから絞り切った戦略を採用すれば思考の精度が高まり、戦術や実施策のブレも少なくなる。

日本の製造現場の効率性は、やはり世界に誇れる件について

創造する仕事とこなす仕事と書くと、あたかも両者が互いに関係しないように思われるかもしれないが、そんなことはまったくない。少しややこしいのだが、サボる時間を確保するために、こなす仕事をいかに効率的に進めるのかを考えることもサボる時間に行うべき創造的な仕事なのである。

それほどガツガツ働いているように見えなかったり、あるいはプライベートを最重視しているように見えたりする人で、課せられた業務はそつなくこなし、創造性も発揮して成果を

あげている人は、サボる時間を生み出すためにしっかり思考している。

私が大学卒業後に初めて勤務したのは、中央発條というトヨタ系列の自動車ばねのメーカーで、配属先は生産管理部だった。仕事の内容は、得意先からの受注計画を生産計画に置き換えて現場の工場に対して「このばねを何本、いつまでに生産してください」という指示を出すことだった。

トヨタ系列の企業なのでＱＣサークル活動がとても盛んで、部をあげての全社大会への準備のような大きいプロジェクトもあれば、毎週上司に提出する「カイゼン提案」という仕組みも導入されていた。ご存知の方も多いだろうが、ＱＣサークルとは、職場での品質管理活動を自主的に行うグループ（小集団）のことである。

数多く出したカイゼン提案のうち、最も高い評価をいただいたのが、「在庫を目視するために倉庫をまわる順番を毎日決めておき、目視にかかる時間を減らす」というものだった。

中央発條では、トヨタのカンバン方式にならって各ばねの在庫数をぎりぎりまで抑えていて、出荷して在庫がなくなりそうなものから優先して生産していた。当時はまだオンラインでの在庫管理システムは完全でなく、得意先からの追加発注もあるので、オンライン在庫と実在庫に差が出ることがまれにあった。

先輩からは、「欠品してトヨタのラインが10分止まると数百万円の損害だ」と脅され（？）ていて、新入社員の私たちは戦々恐々としていたので、工場によっては1日4回あるトヨタへの納品の出荷便に間に合うように倉庫を確認してまわっていた。

毎朝在庫を目視してから工場の各ラインに生産指示を出し、そのあとに日常業務に入る。1日の仕事の中で、何十種類もあるばねの在庫を見まわるために、複数の倉庫をまわる時間もバカにならなかった。

そこで倉庫をまわる順番を決めておけば、ヌケやモレがなく在庫がチェックできるうえ、確認のための時間そのものも短縮できる。考えてみれば、とても単純な話なのだが、思いもよらぬところに効率化のタネがある。

この場合、在庫を目視する仕事は「こなす仕事」に分類され、カイゼン提案は「創造する仕事」に分類される。この作業時間を効率化するという点を上司は高く評価してくれ、とてもうれしかったことを思い出す。創造する仕事によって、こなす仕事の負担が軽くなったのだ。

日本の製造現場では、少しのムリ・ムラ・ムダをもなくすように考えを積み重ねているからこそ、高い品質の製品を効率的につくれるのである。

すべての職務に創造性の高い仕事はあるのだ。

トイレに行ってからゴミを捨てるか、ゴミを捨ててからトイレに行くか

製造現場に近い部署で働いていたときには、効率的に仕事をこなす人は本当に多かったのだが、こういう人は、時間を効率化することをつねに考えていて、ただ漫然と働くようなことはしなかった。

もちろんカイゼンのように、中長期的な効率化にも知恵を絞っている一方で、目先の行動、たとえば「次にやること」「それをどうやるか」を決めてから動くクセが自然に身についているのだ。だからムダがない。

私もそんな現場の人たちを見習って、できるだけ「次にやること」を考えてから動くよう

に心がけている。

身近すぎる例で恐縮だが、名古屋では資源ゴミを、プラスチック、紙、びん、缶、ペットボトルなど数種類に分別しなければならない。これらを1週間に1度、ゴミ集積所に出す。自宅のゴミ箱にまとめて捨ててから、それぞれを各ゴミ袋に分けて捨てると面倒なうえに時間のムダが発生する。だから資源ゴミの種類ごとにゴミ箱を分けている。

さらに仕事机の缶やペットボトルや紙などの資源ゴミも、出たらすぐにゴミ箱に捨てにいくのではなく、ある程度たまった段階で、トイレに行くときなどに各分別ゴミ箱にまとめて捨てるようにしている。

その際に歩く順序についても、ゴミを持ち↓ゴミ箱に行き↓トイレに行って↓冷蔵庫からコーヒーをとってくるのが一番効率的だと席を立つ前に考える。

冗談と思われてしまうかもしれない。しかし時間のムダは本当に小さいことの積み重ねだ。私もそのことを肝に銘じて、やらなければならない仕事や作業は、できる限り効率化するために、以下のステップで考えるようにしている。

動く前に考えれば、
ちょっとのムダな時間も生まれない。

❶まずは大事なこと＝価値を生み出せる仕事は何かをいつも考えておく
❷そのための時間を確保する
❸阻害要因・問題を発見する――やらなければならない時間を見つけ出す
❹問題をつぶす――効率的な手法を考え出す
❺習慣化する

この循環をいつも考えられるようにするのである。

ここで気をつけたいのは、次に何をすべきかを考えすぎて、実際の行動にかける時間を超えてしまっては本末転倒になってしまうということである。また、いかに効率的な手順を考えられたとしても、身につけて実行できなければ意味がない。

会社というのは、いつも効率化をめざして努力しているのだが、「それをすると、むしろムダが増えるでしょ」とか「そんなの実行できるわけがないじゃないか」という業務改善策に満ちあふれている。

売れるブランドのマネージャーの言葉の使い方

まとまり時間を確保したとして、それでも仕事にかけられる時間は限られる。その限られた時間で成果を最大化するためには、「自分だけで仕事をしない」ことだ。

ここでは少し寄り道をして、「うまくやっている」人が何をしているのかを見てみよう。

私がフィリップモリスでやっていた仕事は営業企画だった。この会社には、マールボロやラーク、パーラメントなど複数のブランドがあり、それぞれにブランドマネージャーがいる。彼らが作成するブランドごとの企画を約1000人いる社外営業員たちに伝達するのが私の役割だった。

ブランドマネージャーの仕事は、テレビCMの制作やF1グランプリの企画運営、海外出張をしての撮影立ち会いなど多岐にわたり、非常に派手に見えたので、うらやましくて仕方がなかった時期があった。

ただし彼ら・彼女らの仕事ぶりはとても派手で目立つのだが、1年を通して見ると、各ブランドの売り上げ達成度に大きな差が出る。なぜなのだろうか。周囲からは同じように目立つ活動しか目に入らない。

売り上げやシェア獲得などで大きな成果をあげるブランドマネージャーが何をしていたかというと、一言で表すと、押さえるべきところはきっちりと押さえていたということだ。むしろ、こちらのほうが派手で目立つ活動より業績に影響している。

たとえば新しいキャンペーンを実施する際には、ターゲットを決めて広告をつくり、販促企画も開発して営業員に活動してもらう。売れるブランドマネージャーは、そんなとき営業企画の私のところにそっとやってきて、

「今度の東日本の営業会議っていつ？」

と聞くのだ。そしてきっちりと出席して懇親会にも参加し、

「今度のキャンペーンでは、以前に皆さんから聞いたアイディアを使っています。だから売れることは間違いありません」

と参加している各エリアの営業部長などに感謝の意を表明する。

持ち上げられた営業部長たちは、もちろん気分がいいから、同じ時期に販促活動をする他

のブランドよりも、彼の担当する製品を優先的にタバコ屋さんに勧めたり自動販売機に入れたりするようになる。

そうなると広告キャンペーンで新しいタバコを知った人たちが店頭に来たときにはしっかり商品が並んでいることになるので、売り上げアップにもつながってくるのである。

ブランドマネージャーの業務は、戦略・広告・販促企画などと多岐にわたるため、やることも非常に多いのだが、この先輩は普段は残業もせず定時に帰り、社内の飲み会にもあまり付き合わない人だった。その反面、流行りものやトレンドスポットなどにはやたら詳しかった。

つまり成果を出せるサボり人間とは、普段忙しくはしていないけれど、仕事のツボがわかっている人なのだ。

絶妙な「念押し」で人に動いてもらう

新製品の市場導入のようなプロジェクトがスタートしても、一向に忙しそうにしないばかりか、ほとんど何もやっていないように見えたマネージャー（上司）がいた。彼から急に声をかけられたことがある。

「明後日の会議の資料に使うデータは、もうそろってる？」

「ほとんど調べましたが、あと競合のA社の売り上げ見込みだけまだなんです」

「あ、そう。それなら部長に借りてくるからちょっと待ってて」

ちょうど困っていたところ、絶妙のタイミングで助けてくれた。

プロジェクトなど、組織で仕事をする場合、社内外の多くの人が関与する。組織が大きくなるほど関係する人数も増えるので、承認過程や実施過程が複雑になる。こういうとき、優秀なマネージャーは、すべての事案に口出しをするのではなく、部下や外部スタッフの特技や特長を活かしてプロジェクト全体の効率を上げていく。

ここで重要になるのが「念押し」である。

どんな業種の会社、またどんな立場であっても、仕事のプロセスにおける念押しは、たいてい「納期と内容」の2つのポイントでしかないだろう。違ってくるのは念押しをするタイミングだ。

たとえば、新製品を投入してキャンペーンを展開するときなどは、広告デザインは広告代理店のアート・ディレクターに任せることになる。この場合も、販売戦略に沿っているかどうかを途中で確認（念押し）することが重要になる。

「今度の雑誌広告のデザインってどんな感じですか？」

「2案を考えているんですが、どちらを提案しようか迷っているんです」

「途中でいいから1回見せてくれる？」

デザインなどの抽象的な成果物は、具体的なイメージの共有が難しく、発注側の意図から大きく外れることがありうる。きちんと確認しなければ、戦略に沿ったものをつくりだすことができない。

ただし、しつこく念押しを続ければ、デザイナーはのびのびと仕事ができなくなるし（やる気をなくすし）、形が完全に定まってしまってから修正を依頼すると非常に効率が悪くなるうえ信頼関係も破壊する。納期の確認としての念押しでも、締め切りより早すぎては効果がないし、ぎりぎりの場合は手遅れになってしまう。

マーケティングの仕事などは特にそうだが、かかわる人すべてがのびのびとポジティブな気持ちで仕事ができることが、斬新なアイディアを生み、画期的なクリエイティブにつなげるのに絶対に必要な条件だ。そのためには、仕事を頼まれた側が、「任されている」「信頼されている」と実感できなければならない。

発注する側も、他人ががんばって手を動かしてくれれば、仕事の質は上がるし、自分自身の時間も効率化できる。

私のかつての上司がそうであったように、できる人の念押しはいつだって絶妙なタイミングになされ、相手のやる気を引き出す。

そして最も効果的なタイミングは、「途中」であることは間違いないのだが、「この仕事ならこのとき」などという正解はなく、相手の性格や能力によって異なってくる。いつ念押しをするのかは自分で考えるしかない。

私は妻に税金の振り込みをお願いするときがある。その場合、毎日のように「振り込んでくれた?」と確認するのではなく、期限の2日前くらいに「あの振り込み、もうやってくれたかな?」と聞くのが、円満な夫婦生活には効果があるようだ。ただし、家庭の外ではうまくやれているかどうかは自信がない。

それはともかく、売れるブランドマネージャーにしろ、絶妙な念押しをする上司にしろ、人を動かし業績を上げられる人は、「ものの言い方」と「ものを言うタイミング」に秀でたコミュニケーションの達人なのである。

第２章

どうすれば
サボれるのか

自分をマーケティングしなければ、通用しない時代がやってきた

たとえば、あなたが「デジカメがほしい」と思ったとしよう。その場合、解像度などのスペック（製品仕様、性能）についてもいろいろ調べるだろうが、同時に、「どのメーカー（ブランド）の商品か」、あるいは「誰が勧めているのか」「売れ筋はどれか」といった情報がとても気になるに違いない。

かつての経済は、「安くたくさんつくれば売れる」、あるいは「いいモノをつくれば売れる」という発想が中心だった。

このように、製品を製造・販売する側主導で、自分たちの技術や感性、また思い入れなどを中心にしてビジネスをするやり方を、マーケティングの世界ではプロダクト・アウトと呼んでいた。20世紀の大量生産・大量消費社会は、まさにプロダクト・アウトの時代だった。

そして経済が発達してくると、市場が成熟化してきて、生産者側の論理だけではモノが売

れなくなってきた。その結果、「売るには、消費者の求めるモノをつくらなければならない」という思考が企業を支配するようになった。

このように顧客のニーズに沿ったビジネスのやり方をマーケット・インと呼ぶ。

ところが、フェイスブックのようなソーシャルメディアが広がっていったように、コミュニケーション手段が多様化していくと、生活者目線はさらに重要になり、もちろんスペック重視の生産者志向だけではますます通用しなくなる。

プロダクト・アウトやマーケット・インの発想はもちろん現在でも重要なのだが、それに加えて、企業も個人も「価値のある情報」を発信できなければ勝負できなくなってきた。この「価値のある情報」を発信できる能力を、個人という側面から見てみると、もちろん「情報通」ということではない。

営業という仕事で考えるとわかりやすい。営業活動では、買ってもらうまでには、さまざまなプロセスを踏む。そのプロセスで、いかに自分の価値をアピールできるかが、顧客の心を動かす重要なポイントになる。

製品の品質や価格はもちろん大切だが、それ以上に、顧客の判断基準としては、「誰が」

売っているかがとても重要になってきている。

「どこの生命保険も同じような商品内容に見えるが、あなたの言うことなら信頼できる」

「A社とB社のコピー機の機能の違いはわからないが、あなたの対応がよいから契約する」

つまり、これである。昔から営業担当のキャラクターは大切だったのだが、これからは顧客は売る人の価値によって判断する傾向がますます強くなっていくのだ。

企業は品質が高い商品やサービスをなるべく安い価格で提供する、個人は仕事を誠実にしっかりと「こなす」……これは最低限の条件だ。その最低限の条件を超える「価値」をアピールできなければ、市場から受け入れられない時代になってきている。

この自分の価値を知り、その価値を高めて実力を発揮し、さらにアピールするという一連の行動は、まさにマーケティングである。

会社での作業に毎日追われていては、自分の価値を高められない。ビジネスではもちろん「結果」が重要であり、結果を出すまでの過程＝プロセスを充実させることによって結果の質を上げることができる。

この章では、いかに自分をマーケティングするのか、そのために時間をどうマーケティングするのかを具体的に探っていこう。

できる人はコトラーの真髄を教わらなくても知っている

本書で何度も活躍してもらっているドラッカーは、「企業の使命＝やるべきことは顧客の創造」であり、そのために必要なのは「マーケティングとイノベーションだ」と言っている。

フィリップ・コトラーは、このマーケティングを体系化したことであまりにも有名である。コトラーは、ただでさえもわかりにくい「市場」を相手にするマーケティングという概念を、『コトラーのマーケティング・マネジメント』（ピアソン・エデュケーション）という本でわかりやすくまとめている。コトラーは、

❶市場・自社・競合を分析して
❷製品・価格・流通・プロモーションの戦略を立て
❸仮説を立て実施し、検証する

という一連のサイクルにのせて企業のマーケティング活動を管理すべきだと言っている。その際に出てくる考え方があとで説明する3CやSTPと呼ばれるフレームワーク（考え方）である。

マーケティングとは、もともと企業が自社のビジネスを拡大するためにあるが、個人でもこの考え方を応用できる。

できる人というのは、まず自分の能力をしっかり把握して、どうやって実力を発揮し、アピールすればいいかを考える。そして成果をあげるストーリー（仮説）に従って行動して、その結果を反省し改善することで、自分の価値をさらに高めていく――。

こういうマーケティングのサイクルを、誰にも教わることなく繰り返しまわしているように見える。

このように自分の価値を高めていくプロセスにおいて、限られた時間をどう活用していくかは非常に重要だ。では時間そのものを分析するのにもマーケティングの手法は使えないものだろうか。

時間を分析するための3つのC

経営・マーケティングの分析ツールとして広く使われる、3C分析というフレームワークがある。3つのCの顧客（**Customer**）、競合（**Competitor**）、自社（**Company**）をそれぞれ分析し、自社を取り巻く環境を考え戦略を立てるうえでの指標の1つにしましょう、というものである。

先ほどのマーケティングのサイクルで言うところの❶の出発点にあたるものだ。

この3Cの考え方は、つまり同じものを3つの異なった視点から見てみると、複雑なものごとの本質がくっきり浮かび上がるということである。

だから、この考え方をシンプルに時間の分析に使ってみると、現在の自分が置かれている状況が把握できるのではないだろうか。

●**自社**＝自分自身を分析して、まとまり時間をいかに充実させられるかを考えていく。

時間の使い方を振り返って、細切れ時間とまとまり時間の配分やその中身を調べてみる。

●**競合**＝これは自分の敵になるもの、時間管理で言えば、「手待ちのムダ」な時間になる。ムダ時間を省き、また作業時間を効率化していくことにより、最も重要なまとまり時間を生み出すことが可能になる。

●**顧客**＝自分にとって最重要なもの。つまり「まとまり時間＝サボる時間」がこれだ。ドラッカーの言う「企業のミッションは顧客の創造」であるが、時間管理における顧客の創造はつまり「まとまり時間を生み出すこと」である。

このようなフレームワークは使い方によっては効果を発揮するが、企業でのマーケティング戦略立案においても複数、それもかなり深いレベルまで落とし込んで指標にする。時間の分析はあくまで目標達成のための手段なので、「まずはやってみよう」程度の軽い気持ちで自分にあてはめてみよう。

自分の時間は長から短で分析してみる

自社＝**Company**の分析は、つまり自分がどのように時間を使っているか、振り返って分析することだ。

分析をするときは、長いスパンの時間枠からだんだんと細かくして、過去を客観的に分解する。そうして、これからの年間と月間の予定を大まかに推定するのだ。

まずは1年間を見てみる。経理部であれば決算月は忙しくなるだろうし、物流担当であれば棚卸しの時期は仕事が集中するだろう。そのように年間の大まかな分析ができれば、12カ月先から現時点までの毎月の目標を立て、各月にやらなければならない仕事を入れ込むことができる。

次は1カ月のスケジュールを見る。出納の仕事であれば月末・月初は小口の出入金の締めがあるし、営業であれば追い込みの月末は忙しくなる。そして月の予定やタスクを確定させ、各週のスケジュールに落とし込む。

全体感をつかむだけなので、年間と月間を分析し、予定を確定させる作業は、1年に1度で十分だろう。

そして、毎週、あるいは毎日のサボる時間と細切れ時間がどれくらいの構成比だったのかを考えてみる。

「サボる時間」の定義は人それぞれである。

私の場合は、思考の準備を始め、エンジンがかかり、何らかの成果が出せるまでに6時間程度かかる。この6時間以上が確保できていれば、それをサボり時間としている。これは私のエンジンの性能が悪いからかもしれない。人によっては、2時間だったり、5時間だったりするだろう。

次に「こなす仕事」に充てた細切れ時間を振り返ってみる。その際は、予定していた仕事と、予定外に入ってしまった仕事を分けて考える。

予定していた仕事は、毎週の会議や、顧客訪問などで、把握は容易である。急に入る仕事こそが、サボる時間の大きな阻害要因になっている。だからといって、急に入る仕事も簡単に排除などできない。

スケジュールを把握する方法

長から短へ

1 年間のスケジュールを見る

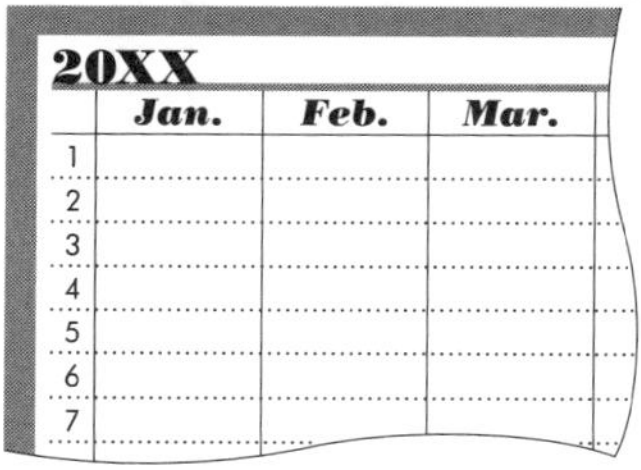

- 大きなプロジェクトの山場はどこだった？
- イベントは何月に開かれた？
- よく売れた月はいつだった？

2 月間のスケジュールを見る

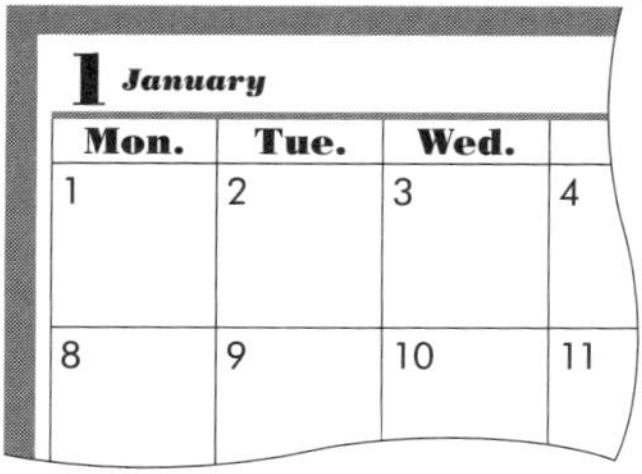

- 何日が締め切りだった？
- 最終出庫日は決まっていたのか？
- 出張はどの週に出かけた？

3 週間のスケジュールを見る

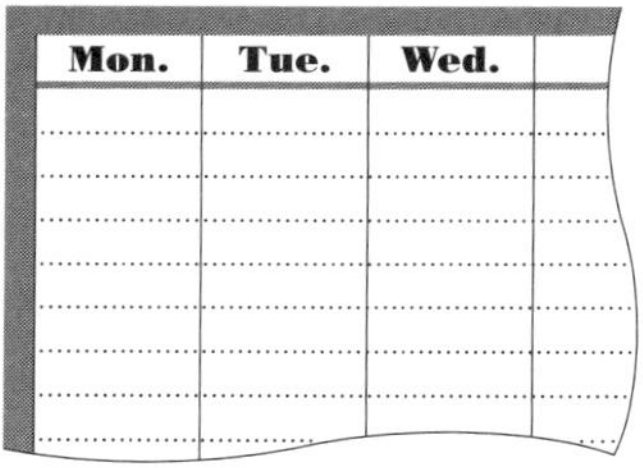

- サボった時間はどこにあった？
- その長さはどれくらいだった？
- 予定外の仕事は入ったのか、それはいつ？

名古屋に住む私は、なぜ急に入るアポを大切にしなければならないのか

東京に在住していたときに、全国に転勤経験のある銀行員や商社の社員の方々から、「名古屋は、日本一商売がしにくい」という話をよく聞いた。

名古屋は一見さんお断りの雰囲気が強く、紹介とクチコミを信頼する地域特性があるからだと思うが、それだけではない。

中部圏は、名古屋を中心に、愛知、岐阜、三重を含めれば、関東や関西に次ぐ大経済圏である。この経済圏には、トヨタ、中部電力、東邦ガスなどを中心に、基幹がしっかりした産業（企業）があり、非常に安定している。「名古屋は不況に強い」という説はここからきていて、大企業からの仕事が地元産業に安定的に供給されているので、圏内だけで経済が成り立ってしまうようなところがあった。

だから、競合の激しい東京や大阪と違い、これまでは比較的あくせくせずに仕事をしてき

たように思う。新規ビジネスをそれほど熱心に開拓する雰囲気ではないから、一見さんが話を聞いてもらえる機会も少ない。

新しいビジネスを提案しようとしても、また国内他所や海外から名古屋に進出してくる企業が飛び込み営業をしたとしても、たいてい本心では「いやいや、うちは間に合っていますから」という気持ちで接しているので、当然成約に結びつくことも少ないだろう。

単に名古屋人が閉鎖的で警戒心が強い性格ではないのである、と、強く弁護しておきたい。

それはともかく、名古屋で短期的にビジネスで成果をあげたいなら、飛び込み営業をするよりも地域に密着したコミュニティに参加し、そこから人脈を広げていかなければならない。

名古屋は、人間関係を特に重視し、身内を大事にする土地柄である。新しく入り込むことが難しいのは間違いないが、ただし、いったん懐に入り込むと付き合いは長く続く。

定期的に開催されている異業種交流会やコミュニティなども数多くて盛んだし、新しいウェブ・サービスができたときも「面白い!」と、人同士がつながりたがる感覚が他地域よりも強いように感じられる。

だから私も、人とのつながりは非常に重視していて、大切な人から「急で申し訳ないのですが、今日、なんとかお時間いただけませんか」といった話があれば、都合がつく限り喜んでお会いするのである。

このように、予定外の仕事はなかなかコントロールできないので、それはそれとして受け入れたほうがいい。

むしろ、「今日、すぐに」といった急な案件が、どの程度あったのか、内容はどんなものか、その傾向を把握してみるのだ。すると営業担当であれば商品を納入する前後、また経理担当であれば、（毎年、毎月、毎日の）締めの前後など、サボりづらいタイミングがつかめるはずだ。

手待ちのムダ時間をどう退治するのか

サボる時間を生み出すためには、細切れ時間の効率化に加えて、「何もしていない」手待ちのムダ時間をいかになくしていくかが大切だ。この手待ちのムダ時間が、競合（**Competitor**）にあたる。

最初に、どのような手待ちしている時間があるかを書き出してみるといい。電車の中、電車の待ち時間、風呂が沸くまで、ＰＣが立ち上がるまで……など多くの手待ち時間があることに気がつく。

この時間を有効活用しようと無理をする必要はない。シンプルにチェックリストをつくるくらいでいいと思う。その際は、項目を書くだけというよりも、平日と週末に分けるとか、午前・午後に区別するなど、立体的に書き出してみる。

次に、その時間で何をやるかを考えるのだが、ここでは「複数のプラン」を用意しておくことをお勧めしたい。

仕事関係であれ、リラックスできる趣味であれ、複数の選択肢を用意しておいて、疲れているなら音楽を聞いたり、マンガを読んだりで一向に構わないし、やる気が充実しているときなら、今学んでいる英会話のテープを聞いたり、ビジネス書を読むなどすると無理なく続けられる。

皆さんも、沖縄時間という言葉を耳にしたことがあると思うが、私の住む土地にも「名古屋時間」というものがある。名古屋では、待ち合わせ時間に全員がきっちりと集合することは少なく、必ず何人かは遅れてくる。それも「ちょっと遅くなる」という連絡が、1時間の遅刻だったりする。

東京で長く仕事をしてきた私には、とても不可思議だったが、自分なりに分析してみると、名古屋では公共交通機関を使うより、自家用車で移動する人が多いため、時間どおりに来ることができなくても「まあ、いいんじゃないの」という感覚になっているようなのだ。

名古屋人たちは慣れたもので、少しくらいの遅れはあまり気にしない。私もそれにならい、持ち歩いている本を読んだり、待ち時間が長くなりそうな友人の場合はあらかじめちょっとした仕事ができるセットを持参したりしている。

面倒なことを一気に片づけようとすると、もっと面倒な事態になってしまう

また、手持ち時間を活用するためにお勧めしたいのは、ノートやメモとペン・鉛筆などを持ち歩くことである。何もないところから「形」を生み出すにはアナログが一番だ。待ち時

待たされてもイライラする必要なんかない。

間や、長時間の移動のときなど、創造的な仕事のもととなるアイディアをふと考えていたりすることがある。この「ふと浮かんだアイディア」はぜひ大切にしたい。

そこで私は持ち歩いているノートに、「自分の会社の1、3、5年後のあるべき姿」や「これから流行しそうなマーケティングのネタ」などを思いつくままに書きつけ、必要に応じて見直し、使えるものを整理して、落ち着いたときに精査するようにしている。

これまでも数え切れないほど多くの人が、「メモを持ち歩け」と訴えている。それは、「この前に思いついたアレ、何だっけ」という、思い出すまでの時間の効率の悪さに多くの人が気づいているからなのだ。

一方で、わずかな手待ち時間をどうこうするよりも大切なことがある。それは「こなす仕事」のスケジュールを詰め込みすぎると、もっとムダな手待ち時間が発生してしまうということだ。

誰にも経験があると思うが、こなす仕事は総じて面倒くさい。人間はそれほど意志が強い動物ではないから、面倒なことを連続してやり続けられる人は、相当に立派な人なのだ。

多くの人は、面倒なことをやりとげると、なかなか次の仕事に手がつけられない。手をつけたとしても、効率が落ちている。

すると、細切れ時間に10の仕事を予定していても、実態としては5しか完遂できず、確保してあったサボり時間を食いつぶしてしまうのである。

やる気が起きるまでの「手待ち時間」は最悪のムダなのだ。

サボり時間は質と量のバランスを見る

最後に、最も重要なサボり時間に何ができていたかを把握してみる。分析は質と量に分けて行う。

まず「量」に関しては、どれくらいの時間を確保できているのか。月に何時間とか、1週間にどれくらいかとか、あるいは仕事をしていた時間全体のうち、何割くらいを確保できたかを把握してみる。確保したサボり時間を、以降のベンチマークとして考え、できる限り増やしていく。

私は、6時間以上が単位になるので、1日をまるまる空けないと、確保できない。そこで

1週間に2日程度は、基本的に予定を入れない日にしている。

次に「質」は、自分がやった内容のことで、サボり時間に何をしたかを振り返ってみる。私は、自社の中長期戦略を練ることや、クライアントのための新しいマーケティング戦略の立案などに専念している。

このサボり時間こそ、自分の価値を上げるために使うべき時間だ。抽象的な言い方をすれば、「新しいもの、まったく違うものを生み出す」「何かを変える」ための思考作業に集中できているかを分析するのだ。

新しいものを生み出すとは、まさにドラッカーが言うところのイノベーションだ。技術革新とも訳され、ウォークマンやｉＰｏｄなど革新的な製品の登場によるプロダクト・イノベーションのみを指していると思う人もいる。しかし本来のイノベーションには、もっと広い意味がある。

「冷蔵庫は食べ物を冷やすためにあるが、北極圏に住む人々には食べ物を凍らせないための機械として売れた。これもイノベーションだ」という話がしばしば紹介されるように、イノベーションは「新しい発想」と広くとらえたほうがいい。つまり、商品、サービス、仕事の進め方の付加価値をまったく新しい発想によって高めていくのだ。

新しい発想が思い浮かぶのは、時と場所を選ばないが、具体的なプランに練り込むのには時間がかかる。これをサボり時間で実行できているかが、個人の価値向上を決める。

次に、「何かを変える」ことだ。

フィリップモリスの「マールボロ」というタバコのブランドカラーは赤で、基本的には世界で統一してある。どこの国で買っても同じ色味になっている。これは「マールボロの赤は世界に1つしかない」という考えによっている。ところが、この赤の色味自体は、市場がライト志向になってくると、少しずつ明るく「ライト」にしていたのである。

時代や社会が変わっているのに、同じビジネスをしていては、市場から認められなくなる。そのため環境の変化を敏感に察知し、改めていくべきことは何か、どこを変えるべきか、どう変えるべきかを考えるための時間をつくらなければならない。

そして、第1章でも説明したように、ムダな時間を減らすために、仕事の効率化を考えることも「何かを変える」ことになる。

製造現場が7つのムダをなくす思考

私が中央発條という会社で携わった「生産管理」の仕事では、トヨタ生産方式で発注をしてくるトヨタ自動車からの発注に対応して、自社でもトヨタ生産方式の「カンバンシステム」や「QC活動」導入の指導を受け、実際に運営していた。

必要なものだけを必要なときにだけ生産するというのがトヨタ生産方式のミソである。この「ジャストインタイム」と同時に学んだのが「7つのムダ」を省くという思考方法であった。ぎりぎりまで在庫を減らし、「先入れ先出し」（先につくって在庫に入れたものから先に出荷する）の要領で生産指示を出す。

この7つのムダとは、つくりすぎのムダ、手待ちのムダ、運搬のムダ、加工のムダ、在庫のムダ、動作のムダ、不良のムダであった。これらに加えて、「何もしない」「7つのムダを省かない」ムダを8個目に入れることもあった。

この7つのムダをなくすことを工場では徹底していた。だから数十種類ある各自動車のばねは、毎週末につくりためておいて、毎日の出荷に伴って、在庫をぎりぎりまで減らすことになる。月曜の朝には倉庫に高く積んであった在庫が、週末に向かってだんだんと減ってくると、「本当にこれで足りるのか」と胃が痛くなった。

木曜に帰宅して寝床に入っていると、配送担当の物流課から、

「理央さん、○○工場用に今から出荷する第4便に乗せる△△の在庫がないですよ！」

「えっ、明日のぶんはあるはずですが……今から行きます！」

と深夜3時に工場に出かけることもあった。ここまでやっていたのである。

この7つのムダを取り除く考え方は、時間管理にもあてはめられると思う。

具体的には、次のようにあてはめることができる。

●**手待ち**——さまざまな「待ち時間」を退治する

●**運搬**——よく使うものとそうでないものを分別し、作業しやすいようにあらかじめ配置しておく

●**動作**——仕事から仕事へのつなぎ時間を最短にするように考えてから動く

●**つくりすぎ**——不要な書類やモノはできる限り捨てる
●**加工**——スキルを向上させ、こなす仕事の作業時間を短縮させる
●**在庫**——使っていない時間を活用できているかをたまに振り返ってみる
●**不良**——仕事のミスを少なくし、やり直しによる時間のロスをなくす

これらすべてを毎日チェックする必要はないが、このような指標を自分なりにつくっておき、定期的に振り返ってみることによって時間のムダを省ければ、創造に使える時間を生み出すことの一助になる。

チャーハンで学び、イタリアンのコースを考える

飲食店舗展開のベンチャー企業に入社したときに、「お客様満足の基本は調理場にある」という社長の考え方で、調理場で2カ月の研修を受けたことがある。

飲食店をチェーン展開する場合は、「味と効率」の両立が重要なので、「おいしいものを早くお客様に出す」ために、いかに手際よくできたてのものを出せるかが勝負になる。そうなると現場では、

「何やってんだ！　火を通しながら野菜を切れば早いだろ！」

「湯を沸かしてる間に、揚げたてのフライを盛りつければいいだろ！」

などという怒声が飛び交うことになる。

この調理場で学んだことは、多くの料理が、

●手をかければかけるほど、

●つくりたてであればあるほど、

味がよくなるということだった。実際に料理をしている方なら実感できると思うが、この2つの要素を両立させるのは相当に難しい。特に、複数の料理を同時につくるときはなおさらである。

調理場での研修で腕のいい料理人を観察していると、まず段取りをしっかりしたうえで、準備を万全にしておき、焼く、ゆでる、蒸すなど時間がかかる工程の合間に、切る、仕込む

などの作業をしていた。

　チャーハンをつくるときは、まず卵をといておき、ねぎやハムを切っておく。中華鍋に油をひいて熱し、ハム、ご飯、ねぎ、卵を順序よく高火力の火でいためる。段取りを考え、準備を万端にして、作業を効率よく行うのだ。

　料理の手順は、複数の品数を出す場合はさらに難易度が上がっていく。知り合いの料理好きはなんと自宅でイタリアンのコースをつくるそうだ。前菜↓スープ↓メイン↓パスタ↓デザートの順で食卓に出すらしいのだが、つくる順番はコースの順番とは必ずしも同じではないという。

　時間がかかるスープの仕込みをしておき、パスタをゆでるお湯を沸かしながら、野菜を切りつつ、頃合いを見計らって肉料理を焼く。そしてパスタの仕上げに入るのだ。段取り↓準備↓作業のサイクルが複雑に入り組み、すべてを最適なタイミングで行う。

タイミングを逃さずに、作業そのものにも充分に手をかける――。これは調理場だけの話ではない。

　仕事も一つひとつを見れば、単品のチャーハンをつくるのと同じだ。しかし、日々のビジネスは、複数の料理を同時につくっているのである。自分の時間の使い方、作業の進め方、頭の使い方をしっかり分析し、最高の段取り、手順で働き方を見直せば、おいしいコース料理がつくれるようになる。この点を考えてみても、全体を俯瞰するということの重要性を理解することができる。

第3章

その時間は「お値打ち」ですか？

その製パン会社がラスクをヒット商品にできたのはなぜか

傑出した製品の生産技術を持った地力のある会社は、「売れる仕組み」さえしっかり考えることができれば、さらに業績を伸ばすことができる。

私のクライアントで、業務用のパンなどを生産し、主に名古屋のカフェやホテルに卸している会社がある。この会社が、２０１０年に一般消費者向けのラスクの製造販売に乗り出した。

それまで消費者向けビジネスには手を出していなかったこともあって、ブランディングからホームページの制作、広告などの仕事は、すべてが初めての試みであった。

プロジェクトを進めるにあたっては、さまざまな工夫をしていた。

毎週1回は社長以下のプロジェクトチームのメンバー全員が集まって全体会議を開いていた。会議でのプロジェクトの進捗報告については、チェックリストを作成していた。

営業や製造部の、それぞれの担当者たちの、「誰が、いつまでに、何をやるのか」を明快にしたうえで、次の会議には自分が担当する部分をアップデートしてきて、結果を発表する。チェックリストに各担当者の進捗状況を集約して、全体の同意と社長の承認を得ることに使っていた。

プロジェクト全体を細部まで分解したチェックリストにより、各担当者は仕事にどう取り組めばよいかがよく理解できるし、参加者全体も、それぞれの仕事に対する共通認識を持てることに加えて、プロセスにおけるヌケとモレがなくなる。

その結果、最適なタイミングでそれぞれのメンバーの取り組みが実行されるので、時間を有効に活用できるようになっていた。

チェックリストの作成と、それによる仕事の管理と聞くと、「なんと当たり前な」という感想を持たれてしまうかもしれない。しかし、その「当たり前」が「実行」できないために、多くの会社が苦境にあえいでいる。

誰にも経験があると思うが、「あのときに、やっておけばよかった」という仕事を、そのあとにやってフォローしようとすると、最適なタイミングで行ったときにかかったであろう時間の数倍のムダが発生するものだ。

プロジェクト管理をしっかり行ったこの会社のラスクは、地元名古屋でヒットしただけでなく、さまざまなテレビ番組でも取り上げられ、通販サイトでも話題になり、全国的によく売れている。

私は食品関連、また外食関連のコンサルティングを行うが、ヒットする会社や店の商品は例外なく「おいしい」。これが必要条件だ。そして、「おいしい」に加えて、適切な戦略が「実行」されることによって、多くの人に商品が認知され受け入れられていく。

この会社は、仕事を「見える化」することによって、グループでのプロジェクト、つまり戦略の実行精度を上げることができただけでなく、有益な時間管理術のツールにもしていたのである。

仕事を「見える化」して、時間を管理することの有効性と重要性は、個人にとっても同じだろう。

とらえどころのない仕事と時間の質は3つのステップで考える

フィリップ・コトラーは、大きくつかみどころがない市場をとらえてマーケティング活動をするために、STPという手法を提案している。

STPは以下の3つのステップを踏むことである。

❶まずは市場を顧客のニーズによって細分化する（Segmentation）

❷細分化した市場のうち、競合より優位な自社の強みを活かせるターゲットを明確にする（Targeting）

❸顧客に価値を提供できるポジションに自社を置く（Positioning）

この3つのステップの頭文字からSTPと呼ばれる。説明だけを読むと、抽象的で難解な

手法のように思われてしまうかもしれないが、意外にその核心はシンプルである。つまり一言で説明すれば、

「分けてみて、大事なところを探し、どこに自分（自社）を位置づけるかをはっきりさせる」というロジックになる。あまりにシンプルな手法なので、「SからT、Pという順番で分析できるほど、市場は理路整然としてはいないのではないか」「顧客ニーズが複雑に入り組んでいる現代では、簡単に顧客ニーズをセグメントなどできないのではないか」など、ビジネスでの実効性についての疑問が生じるかもしれない。

けれど、市場のように複雑でとらえどころのない対象を分析するには、シンプルな手法ほど実用性が高いように思える。そしてシンプルな手法は汎用性も高いだろう。基本的にはマーケティングのためにあるＳＴＰというフレームワークだが、一般的な問題解決の技法としても用いることができそうだ。

たとえば、市場と同じようにつかみどころのないのが「時間」である。だから、このＳＴＰを自分の時間管理にもあてはめることができるのではないだろうか。

●個別の仕事の時間（の使い方）を細分化してみる＝S
●重要な仕事にターゲットを絞り込み優先順位を決める＝T
●自分の価値が高まる働き方を考えてみる＝P

前章での3Cの分析では、時間を分析する方法について考えた。ここでは、時間を使って行った（行う）「仕事の質」について考えてみよう。STPを用いた分析によって、仕事のプロセスを「見える化」できると同時に、仕事の「質」も向上させることができる。そして、この場合の「質」を規定するのは、費用対効果の高さとなる。

つまり投入した経営資源（時間）に対して、どれくらいの効用が得られたかに着目するのである。

名古屋人の3Kと費用対効果の考え方

突き詰めて考えれば、すべてのビジネスは、費用対効果をいかに高めるかということが最重要ポイントになっている。つまり会社であろうと、個人であろうと、投入する費用（コスト）に対して、効果（効用、収益）を最大化するために知恵を絞っているわけだ。この知恵の絞り方で〝違い〟が生じている。

費用対効果と言っても商品やサービスの原価率、利益率の話だけではない。手間や時間をかけた「量」に対する仕事の成果の大きさをも示すものだ。

話は横道にそれるが、「名古屋人の３K」という言葉がある。「堅実」「ケチ」「倹約」のそれぞれの頭文字からきている。そして名古屋人の３Kは、その言葉自体が知られているかはともかく、どうやら全国的な共通認識のようでもある。

少し前に、こんな小話を東京の友人から聞いた。

東京人、名古屋人、大阪人の３人が食事をともにした。さて食事も一通り終わって、店員を呼んで、チェックをしようというときに――。

体面を重んじる東京人は「おごるよ」と言う。

お金にきっちりしている大阪人は、「ワリカンにしよう」と言う。

そのとき名古屋人は、「ちょっとトイレに行ってくる」と言うなり席を立った……。

私が知る限り、こんなことをする名古屋人はいない。この小話は明らかに言いがかりだ。どうも名古屋人の3Kのとらえ方を誤解されているようである。名古屋人はただケチなだけではない。「お値打ち」が好きなのである。

名古屋の商店街などを歩いてみれば、多くの店の商品に「お値打ち品！」という札がつけられているのを目にするだろう。

この「お値打ち」という言葉、感覚的には「特価」などと同じ意味にとられそうだが、ニュアンスが違う。

字面を目にしていただければわかるように、「お値打ち」は、本質を見きわめ、そのもの自体の価値が値段に比べていかに高いかを考えるということだから、お金を払いたくない、安ければいいという考え方ではない。おそらく「お買い得」や英語で言うところの「リーズナブル」のほうが近いだろうか。

その時間は「お値打ち」ですか？

たとえば名古屋の結婚式が豪華で派手だというのは全国的に有名である。実際のところ、最近では、名古屋だけが突出して結婚式にお金をかけているわけでもないようだが、周囲を見渡してみる限り、やはり多くの人が、この人生の晴れ舞台をとても重視しているのは間違いない。

式場選びにはかなりの時間をかけるし、私の知り合いにも結婚コンシェルジュというサービスを行っている方も多い。このあたりは、費用対効果を考えて、質を追求する場合には、多少高くなってもプロフェッショナルに仕事を任せるという名古屋人の気質が表れていると思う。つまり名古屋人にとっては、結婚式にお金をつぎ込むことは「お値打ち」な投資なのである。

時間について考えるときも、この「お値打ち」の視点や感覚が重要だと思う。個人がビジネスで費用対効果を高めるには、投入した時間（コスト）に対して、成果を最大化するための働き方を考えることが重要なポイントになる。

時間がコストであるという考え方は非常に重要で、しばしば機会損失という言葉と関連づけて語られる。ご存知だとは思うが、機会損失とは、何かをしなかったことによって発生する損失を意味する。

「昨日は部長から役員会への提出資料を大至急でつくってくれと頼まれ、大事な顧客との商談をキャンセルしなければならなかった」

こういう事例である。この場合、本質的に重要ではない資料づくりに費やした時間は、つまり「お値打ち」ではない。ただし部長に気に入られることの効用が大きい会社だとしたら、これは「お値打ち」になる。

仕事を「仕分け」してみる

時間の質を上げるために、まずはS（**Segmentation**）のステップ、細分化から始めよう。

ここで行うのは仕事を細かく分けるというよりは、ある種の「仕分け」である。第1章で簡単に説明した仕事の割り振り方を、さらに詳しく考えてみよう。

ＭＢＡを取得するためのビジネス・スクールでは、戦略決定のために、思考を整理し、枠にあてはめるフレームワークを学ぶ。その際に、最も多用するのが「マトリックス」の手法である。

ちなみにマトリックスの語源はラテン語の子宮、「生み出す」という意味があるそうだ。ここでは、マトリックスを用いて、創造的な時間、大きな成果を生み出すために頭を働かせていこう。

まずは、仕事を４つの象限に仕分けて俯瞰してみる。ここでは、縦軸は「時間的な緊急度」として、横軸は「仕事の重要度」としておく。この場合、上に行くほど早くすべきことで、右に行くほど重要な仕事になる。

このように、「緊急度」と「重要度」という観点からマトリックスをつくり、仕事を管理する手法は、タイムマネジメントに関連する書籍ではよく目にするが、ここでは「何をやらないか」という視点ではなく「なぜやらないか」について考えてみよう。

ある一定の期間のうちに「実際にやった仕事」、また、手をつけていない「やらなければ

仕事の仕分けはマトリックスを使う

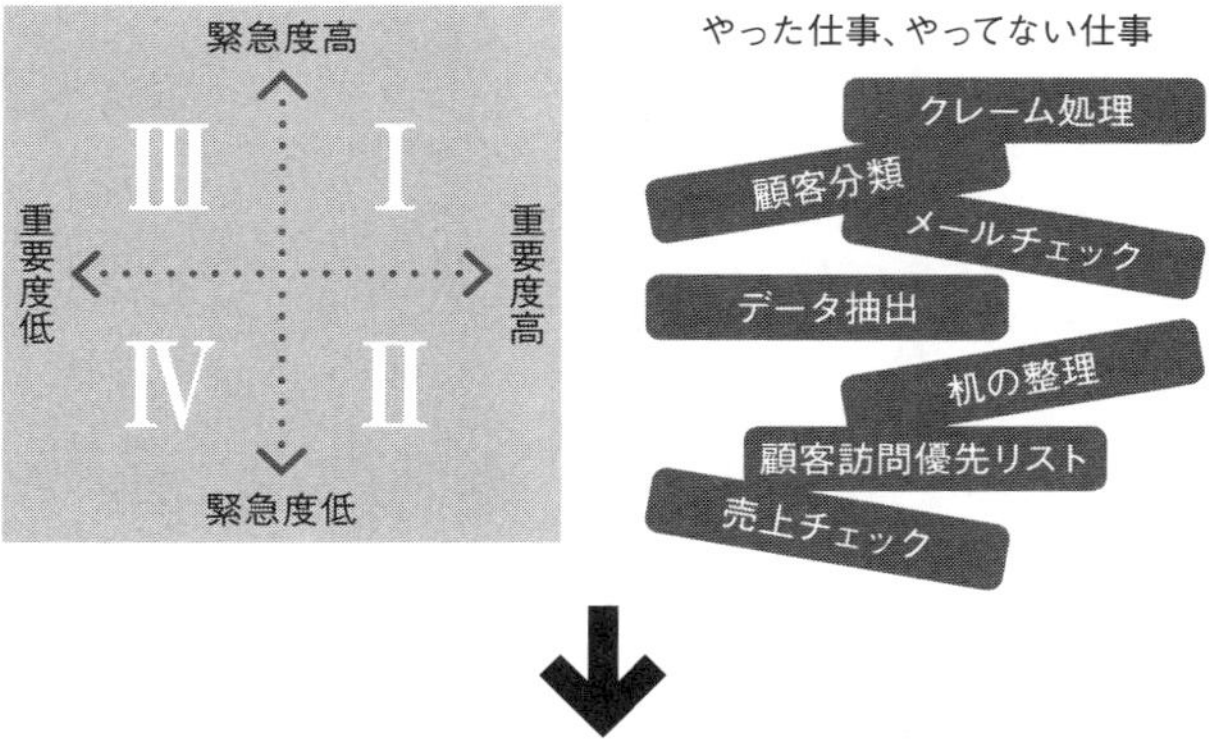

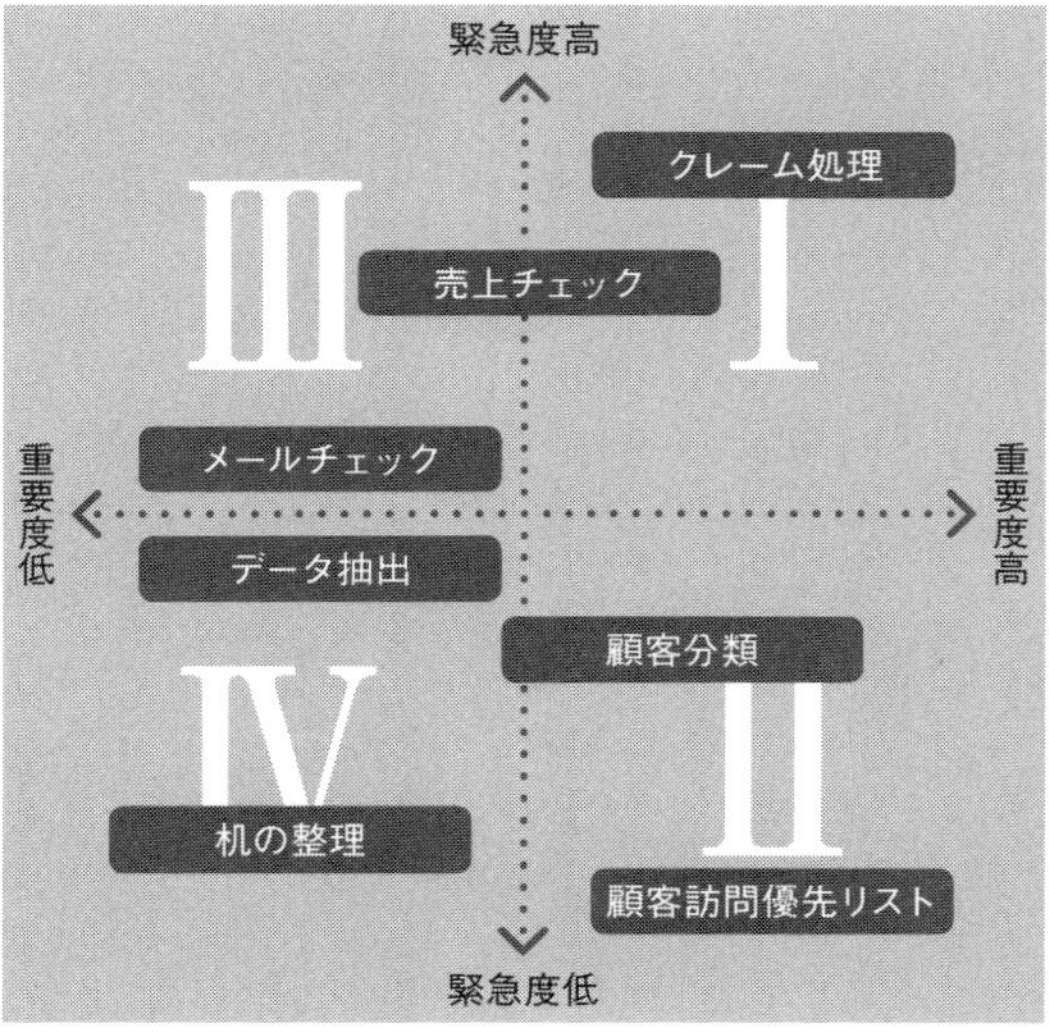

ならなかった仕事」「やっておくべきだった仕事」も分類するといいだろう。

仕分けをしたら、「実際にやった仕事」のうちのそれぞれに、どれくらいの時間がかけられたのか、またはかかったのかを分析していく。さらには、完遂していない仕事については、なぜ手をつけられなかったのか、その理由を明らかにしていく。

重要で早くやらなければいけない仕事は、誰だって見逃さない。すぐに手をつける。ところがこの図でのⅡにあたる、緊急度が低く、重要度が高い仕事は、本来であればしっかり時間をかけなくてはいけないのに、たいていの場合、雑な扱いになってしまっている。

つまり序章で書いたように、重要なプロジェクトの企画書を「やっつけ仕事」で完成させていた私のような失敗を犯してはいないだろうか。

大切な仕事ばかりがいつも雑になる

目先の緊急度の高い「こなす仕事」が多く、それに追われてしまって……というのは言い訳である。たしかに、仕事に手をつける順番は緊急度から決めていくのだけれど、緊急度が

重要な仕事に手がつけられないのは、締め切りがないか、
遠い先にあるからだ。

高いといっても、トラブルやクレームなどの例外は除いて、「緊急事態」であることはほとんどない。

仕事の「締め切り」、あるいは「納期」が相対的に早いというだけである。

締め切りが先にやってくるといっても、それほど逼迫しているわけではないので、着手し始めたあたりは割と余裕があって、非効率に働いてしまっているというのが実情だろう。

そして、締め切りや納期の直前にエンジンをフル稼働させる。それが終わって、やっと重要な仕事（Ⅱ）に手をつけたわけだが、すでに十分な時間をかけられなくなって、こちらも締め切り直前に焦って仕上げてしまったので、結局は完成度の低い仕事になったというわけだ。

このように実行した仕事それぞれについてレビューすると、その仕事を仕上げるのに必要な時間と実際にかかった時間が象限ごとに特徴があることに気づくと思う。

ほとんどの人が、「緊急で重要」→「緊急だが重要度は低い」→「緊急度は低いが重要」→「緊急度も重要度も低い」の順に相対的に時間をかけて働いているはずだ（ちなみに絶対的な時間の量ではない）。

重要で成果もあがるのに、けっして手をつけない仕事の種類と特徴

次に手をつけていない仕事を分析してみる。

「やらなければならなかった仕事」が数多くある人は、単に怠惰なだけか、あるいは業務量が仕事処理能力のキャパシティを超えているかのどちらかだろう。

本書を読んでいる方で、こうしたケースに陥っている場合は、おそらく後者のタイプの人がほとんどだろうから、会社員であれば上司に仕事の現状を訴える、個人事業主であれば仕事を減らすといった解決方法を考えなければならない。

けれど、現実的には仕事を減らすということもなかなかできないのが実情なので、知恵を絞って仕事の処理能力を上げる方向に頭を使いたい（そうしようとしても、はるかに仕事量が多すぎるのが問題なのだが……）。

そして発生頻度が高く、より厄介なのが「やっておくべきだった仕事」のほうである。な

ぜ実行しなかったのか。多くの人が、「～すべき」なことは、先にまわして、まずやらない。締め切りが定められていない仕事は、「いつかは……」と、思いながらも結局は手を出さずにいる。

「今月中にまとめようと思っていた、顧客の訪問順位決めの優先順位リスト作成が今日もできなかった。まあ、まだ時間はあるので、明日にでも手をつければいい……」

これが繰り返されていく。誰にでも心当たりがあると思う。ところが、私が指摘するまでもなく、「～すべき」な仕事こそが、のちに価値を生むことになるのである。

こうして、重要な仕事、のちの成果を大きくする仕事には、十分な、あるいはまったく時間がかけられず、生産性の低い仕事に非効率な時間をかけている。費用対効果という面から考えると無視できないムダな投資が発生している。

このように、過去に実行した仕事、実行できなかった仕事を観察すると、自分の働き方の問題が明快に認識できるようになる。

社内からの信頼がない人の働き方

こうして過去の仕事の仕分けが終わったら、次にSのステップの続きとして、未来の仕事の仕分けを行う。実際に手をつけるべき仕事だけでなく、「業務上の課題」に類したものも思いつくままに挙げていく。これらを、先ほど使ったマトリックス上に分類していけばいいだろう。

そしてマトリックス上の仕事や課題それぞれについて、重要度を軸にして、どこに重点的に時間を投下するのかを考える。これがT（**Targeting**）のステップとなる。

このSからTへの一連の思考のうち、注意しなければいけないことがある。その仕事が重要であるかどうか、さらにはどこまで力を入れるべきなのかの見きわめ方、見切り方である。これは成果のあげ方と組織での身の処し方のどちらにも関係する。

第1章で紹介したフィリップモリスで高い成果をあげていたブランドマネージャーは、他のマネージャーたちが見逃していた営業の人たちとのコミュニケーションをしっかり行っていた。

世の中には、いろいろな職種や業務がある。派手で目先の業績につながりやすい仕事にばかり手を出す人は、周囲からの信頼と協力を得られない。個人事業主だったら、即刻アウトだし、会社員だったら社内での信頼と好意を失ってしまう。

派手なことばかりやってマネージャーに取り立てられる人もしばしばいるが、たいていの場合は部下をはじめ周囲の人が動かなくなるので、業績は下がってしまう。その結果、組織自体が弱体化していく。

本書をここまで読んでいただいて、「創造する仕事」には時間をたっぷりとって、「こなす仕事」は適当でいいと思われたとしたら、それは本意ではない。

やっぱりまじめにコツコツは大切なのである。

カレー専門店のチェーンであるＣｏＣｏ壱番屋を展開する壱番屋は、宗次德二氏が名古屋市郊外で創業し、あっという間に全国規模になった。

一代でここまでのチェーン展開を成し遂げた宗次氏は、何があっても朝3時55分に起きるという。理由を尋ねると、「なんとなく、最初に起きると決めた時間なんです」と語り、必ず守っているともおっしゃっていた。優秀な経営者というのは、派手な創造性を発揮するだけでなく、自分を律し、小さな努力を積み重ねているのである。

宗次氏のもうひとつのポリシーは「掃除をすること」で、定期的に早朝の名古屋のメインストリートの掃除をされている。講演では、ＣｏＣｏ壱番屋の店内が少しでも汚れていると、徹底的にきれいにするように指示すると語っていた。

この話を聞いて、宗次氏は自社が提供するサービスの価値を深く理解しているのだと思った。食べ物に関連するビジネスは、味がいいのは必要最低限の条件であるが、それだけでは足りない。何らかの付加価値を提供することで、初めて顧客の支持を得られるようになる。

ＣｏＣｏ壱番屋がヒットしている理由は、味はもとより、店がきれいで安心していい気分で食事ができるという点にもあるのだと思う。多忙な経営者が、毎日とても早い時刻に起きて、率先垂範して掃除をすれば、すべてのチェーン店がそれを模範としてがんばっていくのである。

できる人は他人が軽く見がちな仕事を高いレベルで仕上げている

私たちが成功している人に見習うべき点は、このまじめでコツコツにあるのではないだろうか。

超優秀な人は、独創的な発想で新たな価値を生み出すとともに、「こなす仕事」も、ものすごく高いレベルで完遂させる。優秀な人は「こなす仕事」をしっかりこなしたうえで、ひとひねり工夫を凝らして高いレベルにもっていく。

いずれも小さな仕事に手を抜かない。

営業の報告書や日報を書く仕事は、普通に考えれば「こなす仕事」だろう。これをロジカルにヌケやモレ、重複がないように書き、報告を受ける側が現場の様子が目に浮かぶようなものに仕上げるのと、おざなりに書いて何が伝えたいのか理解できないというのでは、おのずと評価が異なっていく。

皆さんにも心当たりがあると思う。たとえば会社だったら、天才的な発想で周囲が驚くような働き方をする人など、そうそうお目にはかかれない。社内で高く評価されているのは、「あの人に任せておけば安心だ」「あの人なら、なんとかしてくれるだろう」……こういう人なのだ。

だから、パッと見て「こなす仕事」だと判断、仕分けしたとしても、時間をかけて正確に行えばそれでよい作業なのか、それとも工夫をする余地がある仕事なのか、そうだとしたら高いレベルで仕上げるにはどれくらいの時間がかかるのか、という視点でじっくり検討したほうがよいと思う。

「こなす仕事」を詰め込みすぎると、結果が雑になるか、かえってムダな手待ち時間が発生するだけである。最初は無理をせず、ゆっくりと自分のペースで時間を管理すればいいと思う。

そうして検討を重ねたうえで、時間を投入すればするほど高い成果が得られるという視点から、優先順位をつけていき、最も時間を投入すべき標的仕事（ターゲット）を決めるのだ。

私はメールも見ないし、ネットもシャットするけれど……

仕事の優先順位が定まったら、次にそれを自分の時間スケジュールに組み込んでみる。そして、特に最重要なサボる時間をどのように使うかを考える。これがP（**Positioning**）のステップだ。

まずは仕事や課題を全体として俯瞰してみる。

それぞれに締め切りがあったり（なかったり）、重要度が異なっていたりする。このうち、これまで見逃しがちだった「緊急度は低いが重要な仕事（課題）」にまとまり時間（サボり時間）が確保できるようにスケジュールを組み立てていく。それぞれの締め切りはきちんと守れるように留意するのは当たり前だ。

このまとまり時間で「何ができるか」によって、仕事の結果の創造性と出すべき成果の質とが変わってくる。

まとまり時間を確保する目的は、集中して「創造する仕事」をすることにある。そのためには思考する環境をそれなりに整えなければならないと思う。具体的にどうするのか考えてみよう。

❶メールもネットも見ない

メールが気になってチェックをしてしまうと、返信するために頭を使いだしたり、他の仕事に意識を奪われたりする。すると、そのあと関連したことが数珠つなぎのように思い出されるようになって、思考に集中できなくなってしまう。

ツイッターやフェイスブックなども同じだ。「少しだけなら」と手を出してしまうと、楽しいので、つい時間を忘れて没頭して、気づかないうちに時間をムダにしてしまう。少なくとも私はそういう経験がけっこう、ある。

❷パソコンに向かわずにまずはアナログから始める

表計算、ワープロ、プレゼンテーションなどのソフトを使う場合は、考えがある程度まとまってから清書をして、そのあと、初めてパソコンに向かうようにしている。

私もかつて、きれいな帳票にしようとか、カッコいいスライドにしようと、パソコンに向かう仕事に多くの時間を割いていた。

しかし、これらの仕事は「作業」に分類すべきもので、「細切れ時間」に組み込んだほうがいいだろう。それよりも、むしろ、どういう「内容」にするかに頭を絞ったほうが効果的だと思う。

以上は、あくまで私が「創造する仕事」を進めるとき、思考に没頭したいときに気をつけているポイントなので参考程度にとどめていただければと思う。

人によっては、パソコンを用いたほうが、より効果的にアイディアがまとまるということもあるだろうし、ネットを参照しながら思わぬアイディアに出会うということもあるだろう。

つまり創造に費やす時間をどのように使うかは、自分に一番合った方法を見つけるべきなのだ。

サボる時間を生み出すためには、サボり人間的に気楽に考えよう

もちろん仕事は1人だけで完結はしないから、チームベースだったり、プロジェクトベースで働いている場合は、それぞれのプロジェクトを時系列で（優先的に）とらえ、スケジュールと合体させて考えてみるといい。

たとえば次ページの図のようなプロジェクトの場合には、6のプレゼンテーションの日程が決まり次第、1から5までにかかる時間を想定し、まずは1、3、4の仕事をするための時間を確保する。そして2と5の作業時間をそれ以外の細切れ時間に入れ込んでいく、というステップを踏むといい。

このようにプロジェクトの工程と各ステップでの仕事をする時間を確保する順序は異なるのだ。複雑な料理のフルコースをつくる手順は必ずしもサーブする順ではないのと同じだ。

一連の過程をきっちりと踏んで、時間を管理する場合、あまり「やらなければ」という気

プロジェクトの進行管理も
マトリックスを使ってみる

	内容	象限	やる人	分類
1	企画案創出	Ⅰ	自分	創造
2	データ集め	Ⅲ	自分	こなし
3	ブレスト	Ⅰ	メンバー全員	創造
4	まとめ	Ⅰ	自分	創造
5	スライド作成	Ⅳ	自分	こなし
6	プレゼン	Ⅱ	メンバー全員	こなし

❶ プロジェクトに必要な作業を流れ順に洗い出す
❷ 各作業の重要度・緊急度の
マトリックス上での象限を考える
❸ 作業そのものの性質を「こなし」か「創造」かで分類する
❹ その作業の担当者を決める
❺ それぞれの作業にかける時間を決め、
スケジュールを作成

持ちが強すぎると、戦略思考を考えることそのものが重荷になり、思考のエンジンが温まるのに時間がかかり、肝心のスタートが切れなくなる。

先にも説明したように、まじめな人は「やるべきこと」を「やるための時間」を確保しようとして時間に縛られる。ここはサボり人間的な発想で、気楽に構えて、少しずつカイゼンしていければいいと思う。

そのためには、戦略的な時間の管理は、あくまで手段であって目的ではないことをしっかり認識しておきたい。序章でも説明したとおり、時間管理をするのはマニュアルではない。3Cにしろ、STPにしろ、フレームワークを用いて説明したのは頭の整理をするためにすぎないのである。

考え方の基本はいずれもシンプルなのだから、これから仕事を整理してスケジュールを組み立てていく際に、マトリックスなどに書き出さなくても、おのずと重要な仕事が重要であると頭の中で仕分けされ、そのための時間が十分に確保されるのが理想なのだ。

目的は、まとまり時間（サボり時間）を活用して、いかに「創造的で、付加価値を生み出す仕事をするか」ということなので、これらのプロセスをベースに習慣として自然に、そして戦略的に思考できるようになれればいい。

気負わずリラックスして、毎日の趣味や行動の中に戦略思考を少しずつでも取り入れていくと、重要な案件や大きなキャリアチェンジといった人生の重大事においても、無理なく戦略的思考を使えるようになる。

月曜からの勝負どころは土曜に決めている

私の場合は、日曜を「仕事をしない日」としているので、その前日の土曜の朝に、次週のスケジュールを大まかに考えることにしている。

まずは、すでに入っているアポイントや次の週のうちに片づけなければならない必須事項を確認する。そして1週間のうち、予定が入っていない日はその段階で「創造する仕事」のための「まとまり時間（サボり時間）」としてブロックしてしまう。そのうえで、その他の必須事項を空いている時間に割り振っていく。

翌週が始まってから次々に入ってくる仕事は、よほどの緊急な仕事でない限り、まとまり時間を避けるように入れ込んでいけば、まとまり時間を阻害する要因になる細切れ時間を集中させることができる。

そして新しくアポをとる自発的な時間帯がどの程度あるのかを把握しておき、月曜の朝に新たにアポや連絡を済ませてしまう。

その際に、持ち物についても確定させてしまっている。

私の場合はクライアントとの打ち合わせや、講師として講座を開催するなど、仕事をする際に外出することが多い。

そうなるとどうしても、仕事と仕事の合間に空き時間ができてしまう。私はPC3台にモバイル端末やスマートフォンなどを持っているのだが、重さも大きさも違うし使い方も異なるので、その日の目的に応じて、持ち歩くべきPCやモバイル端末を選んでからカバンに詰め込むことにしている。

まず、外出する目的とやることを明確にすることから始め、やることに応じて持ち物を決める。私の場合の分類の仕方としては、以下のようになる。

・新規クライアント候補とカフェで打ち合わせ――iPadなどでさっと見てもらう

・通常のクライアントとの会議――簡単なモバイルPCでネット検索したりメモをとる
・現行のクライアントへのプレゼンテーション――最も操作性に優れたフルスペックのノートパソコンを使う

持ち物に加えて、移動する順序と移動手段も段取りを早めに組んでおくと時間のロスを減らすことができる。私の場合はオフィスと自宅で仕事をするのだが、スターバックスのコーヒーが好きなので、移動経路にいつもスタバを入れている。

自宅↓スタバで一休み↓クライアント訪問↓イベント立ち寄り↓オフィス

という移動行程をざっくりと土曜のうちに考えておく。そうすると、急なアポイントを入れたいという方のお話があったときも、

「では、栄駅のスターバックスでお会いしましょうか?」
「その時間でしたら、弊社においでいただけませんでしょうか?」

という対応がスムーズにできて、細切れ時間における移動時間の短縮にもつながるのだ。

デジタルだけでスケジュールを管理しない

私は20年以上も前からファイロファックスのウィークリーダイアリーを使っている。これがとても便利で、毎日の予定を30分ごとに矢印で書き表すことができるし、何よりも1週間単位のスケジュールを一目で把握することができる。

このリフィルを毎年買っては差し替えて使っているが、気に入っている皮のカバーが分厚く重いので持ち運びに少々難があり、スケジュールによってはカバンに入れられないこともある。

そんなときに大活躍するのが、スマートフォンとＧｏｏｇｌｅカレンダーのコンビネーションになる。ミーティングの終わりに次回の打ち合わせ日程を決めるときなどは、スマートフォンを取り出し、Ｇｏｏｇｌｅカレンダーをチェックする。これはクラウドと言って、スケジュール帳がインターネット上に置いてあるので、ネットにさえつながっていれば、その場で予定を書き込み、保存をすることができる。いつどこで見てもアップデートされた状態になっているので、予定のヌケやモレを防ぐためにも重宝している。

あらかじめ待ち合わせ場所の住所を入れておけば、Ｇｏｏｇｌｅマップと連携して現在地から目的地までの経路も表示してくれる。

先にも書いたように、１人で仕事をする私にとっては、有能な秘書の役割を果たしてくれる。

だからといって、このようなデジタル・ツールにもやはり短所はあって、まず全体を俯瞰するのには向いていないし、手書きのように感覚的な書き込みができるというような自由度はない。

デジタルはどこまでいっても0と1の組み合わせだからなのか、アナログのような、パラパラとページをめくる感覚の、感性によるスケジュール管理はできないのだ。これは電子書籍と書籍の関係なども同じだと思う。

このようにアナログとデジタルはそれぞれ長所と短所があるので、使い分けることによって相乗効果を出していけばよいのではないだろうか。

まずは、アナログの手帳を使い、年間・月間・週間のスケジュールを俯瞰し、全体のバランスとまとまり時間の確保具合、各期間の目標を定める。

毎日のスケジュール管理と不定期の打ち合わせに関しては、デジタルサービスとモバイル端末でその場でチェックできるようにしておく。

デジタルとアナログの使いこなしのコツは、自分に最適なものを選ぶことに尽きる。手帳もモバイル機器も、自分が一番使いやすいものを選ぶことによって無理なく使えるようにするのだ。

思考をジャマする人々の攻撃にどう対処したらいいのだろうか

ここまで読んでいただいて、違和感を持たれた読者の方もかなりいらっしゃると思う。

「外資系企業や個人事業主にはあてはまるかもしれないが、自分に与えられているのは、こなす仕事ばかりで、時間の使い方についても自由裁量を与えられていない。スケジュールなど自分の思いどおりにならない。どうすればいいのか」

おっしゃるとおりである。特に日本企業で働いている場合は、入社年次によって与えられる仕事のレベルが変わってくる。若手のうちは、上司や先輩から、特に「こなす仕事」で、かつ「作業」的要素の高い仕事が降ってくるケースがほとんどだ。

これは年次や職位が進んでいっても、レベルが変わるだけで傾向としては同じである。主任は課長から、課長は部長から、そして部長は担当の取締役から仕事が降ってくる。

ただし、職位が上がっていけば、すべての仕事のうち、「作業」的要素が減っていき、頭を働かせる余地は広がっていく。ポジションが上がると、会議や接待など、自由にできない時間も増えるのはたしかだが、それ以外の時間はある程度、自分の裁量で使えるようになる。

若手の場合は、若ければ若いほど、上の人はしばしば「思いつき」で急な用件や課題を与えてくるので、時間の使い方を自由に組み立てることもままならない。では、どうすればいいのだろうか。

先に説明したとおり、「こなす仕事」で工夫の余地があるものを高いレベルで仕上げるために、その仕事に時間をつぎ込むようにする。「出すぎたマネを」と上から疎んじられない程度に、完成度が高い仕事を続けていれば、おのずと評価が高まっていく。

外資系企業は、ほとんどの場合、仕事の成果には報酬や職位で報いる。ところが日本企業の多くは、成果主義や職務主義が導入されたといっても、年功序列的な要素が相変わらず強いので、仕事の成果に対しては「仕事」で報いるのが一般的である。

つまり、目の前の仕事をしっかりと確実に行って信頼を勝ち得ていけば、さらに責任の重い仕事、面白い仕事、創造性の発揮しやすい仕事が与えられていく。そうすると、チームを任され、部下に仕事を割りふれるという意味でも時間を自分で差配できる余地も広がっていくのだ。

だからまず、知恵の絞りどころのある「こなす仕事」を「創造する仕事」と読み替えて、しっかり時間を確保して取り組むところから始めればよいと思う。

上司からの「念押し」と時間の支配を最小限にする技術

若手のうちは、集中して仕事をしていても、「おーい、○○くーん」とジャマされることもしばしばだろう。

とりあえずは、上司に言いつけられた仕事の締め切りを「いつまでに、やればいいか」と聞いて明確にしてもらう。すると、よほどの人でもない限り、ある程度は余裕のあるスケジュールを言うはずだから、その仕事にどれくらいの時間がかかるか、重要度はどれくらいかで仕分けしたうえで、また元の仕事に集中すればいい。

仕事を言いつけられたときに、締め切りを明確に聞かないのは、「何をおいても、最優先で取り組みます」と宣言するのと同じである（締め切りを言わずに発注する側はもっと問題だが）。

人間は、本質的に自分の命令が優先してやってもらえれば気持ちがよくなる、という支配欲の強い動物だから、部下に仕事を依頼したのに手をつけている様子が見られないと、「指示がないがしろにされている」という感情を抱いてしまう。

こう思われることが重なると、実は成果があがっていたとしても、「ないがしろにされている」というネガティブな感情がバイアスとなって、「仕事ができないヤツ」と評価されがちなので、結局は本人が損をしてしまう。

だから締め切りをきちんと聞いて、「わかりました、今やっている仕事が○○までに終わると思いますので、そのあとに最優先して取り組んで間に合わせます」というように宣言して、すぐに手をつけなかったとしても、相手が安心できるようにするのだ。

こうした仕事の進め方を繰り返し、かつ約束（納期）と仕事の品質を守り続ければ、相手は信頼を寄せるようになる。そうすると上司（まともな感覚の持ち主であれば）は、第1章で言うところの「念押し」が最小限になり、自分の時間の使い方、仕事の進め方の裁量が広がっていく。

そして、この信頼を獲得する基本的な仕組みは、組織内でポジションが上がっていっても同じ構造なのである。

第４章

午後4時45分、机の上はカバンだけ

結論は先に、説明はあとに話し、机の上には家族の写真を置いてみる

外資系のフィリップモリスに入社したとき、会議に1人でもアメリカ人が入ると、その会議はすべて英語で行われた。

また経営陣の前でプレゼンテーションをするときも大半が英語での説明になる（当たり前ではある）。

最初はまったくこうした雰囲気に慣れることができず、「言いたいことがうまく通じない」と感じていた。ところが英語自体に慣れてきて、スムーズに話せるようになってきても、まだ完全には通じていないようなのだ。

何かおかしいな？と思いつつアメリカ人のプレゼンテーションを聞いていて気がついたのは、「結論を先に言ってから説明をする」という論法で話をしていることだった。

私も含めて、社内の日本人の説明の仕方はアメリカ人とまったく逆なのだ。

たとえばアメリカ人は、「今回のキャンペーンは広告主体でいきます。なぜならターゲットにインパクトを与えることが重要で……」とプレゼンするところを、日本人は、このように話す。

「私が思うに、今の市場にはモノがあふれています。そのためターゲットにはインパクトを与えるための……そこで今回のキャンペーンは広告主体でいきます」

結論を発表したあとに説明をする論法に慣れているアメリカ人を前にして、説明から入ってしまうと、途中でアメリカ人は日本人が何を訴えたいのかが、わからなくなってしまう。文化が違うと、これくらい違うのだ。

こういった話は、今になれば、そこかしこで言われているので新鮮味がないかもしれないが、当時の私にとっては、たいへんな驚きだった。

違いは論法だけでなく、デスクの周りのモノにも表れる。アメリカ人のデスクの上には、必ずと言っていいほど家族や友人の写真が何枚も飾られている。そのため私たち外資系に勤める日本人社員たちも、これをマネて同じように家族の写真を飾る。

そして妻の誕生日には、

「今日は奥さんの誕生日なんだから早く帰るように」

という言葉を上司や同僚からかけられる。このあたりは、仕事よりも家族を優先するというアメリカの文化を如実に表している。どちらが正しいというわけではないが、日本人の役者やスポーツ選手がご家族を亡くしても、実家に帰ることなく仕事を優先するのとは対照的なのだ。

第1章でも触れたように、アメリカ企業は一般的に終身雇用と年功序列という考え方がなく、必要なときに必要な人材を確保するという考え方が主流になっている。そうすると暗躍するのがいわゆる「ヘッドハンター」という人々になる。特に在日の外資系企業にいると、ヘッドハンター各氏から頻繁に電話がかかってくる。

外資系社員も慣れたもので、そうすると、「おっ、来たな」と電話に出る。すると、

「最近どうですか？　実は今度ニューヨークにあるX社が日本に進出することになりまして、消費財のマーケティングができる人を探しているんです」

などという話がもちかけられるのだ。

時間から仕事を組み立てるのか、仕事から時間を組み立てるのか

ことほどさように企業文化が異なる日本企業と外資系企業なのだが、とりわけ外資系企業で働くようになって一番驚いたのが、社員の勤務態度であった。とにかく残業しないのだ。私がそれまで勤めていた日本企業の場合、当時は残業するのが当たり前で、定時で帰宅しようとすると、白い目で見られてしまう雰囲気があった。

ところが外資系では、残業などしないのが当然と考える社員が非常に多かった。タイムカードもないし、残業代が一切つかない会社もかなりある。このことによって社員の仕事に臨む姿勢がどう違ってくるかというと、個々が自主性を重んじるようになるのである。

タイムカードがないから遅刻が多いかというと、まったくそんなことはなく、かなりの人が定時前には仕事を始めていた。日中にはなかなか集中できないから、皆朝早く出社して、まずは自分がやらなければならない仕事を片づける習慣がついていた。

残業についても、報酬の契約の問題もあるのだが、それ以前に一般的なアメリカ人はとても合理的な思考をする。

彼らは、「自分が仕事をするのは会社から給料をもらっている時間だけだ」という割り切りが明快で、残業代がつかないのに仕事をするのは、会社に対するボランティア的な奉仕になってしまうという感覚を持っている。

日本企業では、「今日やるべきことは、残業してでも今日中に仕上げる」という不文律があった。そんな文化で働いてきた私は、アフターファイブを優先して仕事途中で帰宅してしまう社員もしばしば見かけ、たいへん驚かされた。

外資系の社員にも職種やポジション、個人のキャラクターによっていろいろなタイプの人がいるので、一概に比較はできないが、自分の仕事＝ジョブを完遂するという責任感に関しては、（一般社員からマネージャーまで）日本企業の社員のほうが強かった印象がある。

時間に対する価値観の違いが、そのまま勤務の形態に表れるという点がとても興味深い。

定時ぴったりに帰る外資系の社員たちは、時間の感覚や価値観だけでなく、仕事の組み立て方も異なる。

仕事の組み立て方を変えないと、定時ぴったりには帰れない。

つまり、毎日5時に帰宅できるように、また週末に出勤をしなくていいように、「日々の仕事＝ジョブを組み立てる」習慣がついているのだ。まじめな日本企業の社員が、仕事を優先して時間を組み立てるのとは大きな違いがあった。

午後4時45分、机の上はカバンだけ……

夕方5時にはきっちりと机を離れるため、定時の15分前には帰宅の準備を始め、机の上にカバンだけをポツンと置く、という社員を目にすることも多かった。日本企業の社員が同じことをすると、おそらく現在でも相当に強い風当たりを受けてしまうだろう。

アフターファイブの行動様式にも驚かされた。社内の人とはあまり飲みに出かけずに、外部の勉強会やセミナーに出向く人がけっこういたし、他の外資系に勤める友人との交流のために時間を割いていた。

このように書くと、いかにも外資系の社員たちを持ち上げているように受け取られる恐れがある。たしかに意識が高い人もいるのだが、実態はそれだけではない。

というのも、外資系企業では安定雇用は期待できないし、そもそも「いいポジション」があったらいつでも転職したい、という文化がある。外資系を専門にするヘッドハンティングの会社も多かった。だから外資系に勤める社員が集まるホテルのカフェなどでは、「元○○のブランドマネージャーだったAさんは、□□のシニアアマネージャーになって、年俸も3割増しらしい」

「△△に移籍したBさんのボスは、以前は○○にいたCさんだ」

という情報交換をしながら、自分の次の会社でのポジションを探していたりする。だから、規模の大きい外資系では「エックス（もと）○○会」のような集まりがそこかしこで開催されていて、キャリアアップのための情報収集に余念がない。

そういうわけで、自然と早く会社を離れなければならないアポが増える。すると上司からは、「今日はもう帰るのか」という目で見られるし、社内の飲み会の誘いを頻繁に断っていると、「こいつは付き合いが悪い」というレッテルを貼られる。ヘッドハンターとのランチで2時間も外出すれば、「なにサボっているんだ」という雰囲気になる。

このあたりは程度の差こそあれ、日本企業とあまり変わらない部分ではある。ただし外資系は企業運営自体では、合理性や社員の自主性がより重んじられているのは間違いないだろう。

超合理的なデジタル企業はアナログを重視する

アメリカでのMBA取得後に勤務したアマゾンジャパン株式会社でも、外資系企業特有の時間管理法を体験できた。

アマゾンでは、サイトの構成や売り方の仕組みを見ればわかるとおり、すべてにおいて効率や合理性を優先させている。

基本理念として、「カスタマー・セントリック＝顧客中心主義」が貫かれ、いかに顧客が自分にマッチする商品を買いやすくするかを念頭に置いてビジネスを進めている。合理性の追求こそが、「カスタマー・エクスペリエンス＝顧客感動体験」の向上につながるととらえている。

合理性に関して、また顧客に感動を与えるという意味において、アマゾンが買収したザッポスが顧客の個別対応に重点を置く戦略をとっているのと、まったく逆のアプローチに見える。

合理性を追い求めるアマゾンの姿勢は、社員の行動にも表れている。フィリップモリスと同様に個人主義を尊重し、かつベンチャー企業らしく行動管理にも自主性を重んじる企業風土であった。

会議を招集するときも、当時の最新グループウエアとテレビ電話を駆使して、海外のボードメンバーと時間調整をしていた。競合企業のプロモーション情報も、マーケティング部のメンバーによって、すべてイントラネット上にアップされ共有されていた。

アマゾンジャパンでは、当時から自社の流通倉庫から配送をしていた。流通業の至上命題は、作業効率を上げ生産性を高めることで、コストを低減させ収益を上げていくことになる。全社員もそれを理解しているので、オフィスでの作業の大半が「効率との戦い」だった。

そうは言っても、すべてが効率至上主義なわけではない。

たとえば、「オールハンズ」と呼ばれる全社員参加のミーティングが年に数回あり、広い会場を借り切って、日本支社長と各部署のトップが社員全員の前で全体戦略と経営方針をプレゼンテーションする機会があった。社員はこのオールハンズに参加することによって、会社の年間目標を再認識できる。

またクリスマス商戦期には、オフィスの全社員がシフトを組んで、交代で物流センターの手伝いに行くならわしがあった。これはアメリカの本社でも同様だった。現場での配送作業の手伝いをすることで、社員同士の交流を深め、かつ誰もが顧客対応の最前線に立っていることを実感させるねらいがあったのだ。

最新のＩＴを駆使するデジタル企業においても、人間同士のアナログな交流が必要になることがある。そしてアナログな場こそが、価値を生み出すうえで重要であるととらえられていた。

つまり、表層的な効率性を追わないほうが会社にとって効用が大きいと考えられる場合は、あえてアナログを選択することがあるのだ。その意味では、最先端のデジタル企業はやはりとても合理的で効率的な経営をしているのだと思う。

まったく違う指示を出した、1つの部署の2名のボス

外資と日本の文化を掛け合わせたユニークな企業にも勤めたことがある。

私が初めて部下を持ったのは、ジュピターテレコムという会社に移ったときだった。当時の同社は上場をする前で、資本は外資と日本の半々だったので、各部署の責任者も日本人1名、外国人1名の2名体制になっていた。

私の部下は2名とも女性で、うち1名は社歴も長く、とても優秀だった。そのため彼女に業務が集中してしまった。外資系で働いてきた自分からすれば、彼女の業務量と残業時間は異常な水準だったので、即座に1名の増員を私の2名の上司（日本人、アメリカ人）に申請した。

日本企業から出向していた上司は、

「そうか、ではまず、彼女の総残業代と休日出勤日数を計算しよう」

という反応だった。一方、米系親会社から出向していたボスは、

「OK、まずは君と彼女の職務内容を洗い出して、重複している部分を削ろう。そのあとに、必要な業務と比べて何名の人員増が必要かを決めよう」

とまったく別の指針を示した。

私は上司双方の意見を受け、現行の人件費と1名増員した場合の人件費を比較すると同時に、必要業務と1名増員による成果のプラスぶんも試算したうえで、経営トップにプレゼンテーションをしたところ、1名の増員を実現できた。

この2人の上司の私への指示は、まったく違う内容だったのだが、それぞれに正解だったと思う。どちらかの要求を満たせばそれで十分ということではなく、両方の指示内容にそれぞれ応えることが、人員増の必要性を検証し、その効果を測るためには大切な作業だったのではなかったか。

日本と外資の企業文化や経営形態は、いずれかが正しいということはない。

たとえば、日本企業の古いイメージにあるサービス残業や休日出勤は当たり前という考え方だけでは、社員の本質的な成長は望めない。

一方で外資系の社員たちのように、合理性に重点を置きすぎると人間的なつながりや会社への愛社精神を育みづらくなるだろう。

日米どちらの考え方も必要で、いずれか片方だけでは十分ではない。このジュピターテレコムでのケースのように、日米経営文化のいいとこどりをすることがより効果的なのではないだろうか。

日本の会社の時間管理の目的は残業を減らすこと？

無制限、無定量な働き方が、企業やお役所をはじめ日本人の働き方の特徴だと一般的に思われてきたが、最近では流れが変わってきた。

ワークライフ・バランスの実現を旗印に、「働き方」の見直しが一部の企業で進んでいるのだ。

何年か前から「ノー残業デー」を設けている企業もある。「1週間に1日、水曜日には定時で帰宅するように」といった社内規定を設けている。

ところが、こうした「働き方」の改革が外資系企業のよい面を取り入れたのかというと、まったくそんなことはなく、実は相当なクセモノだったりする。

せっかくノー残業デーを設けても、会社による仕事の割り振りや進め方などはそのままだから、社員の負担は変わらない。夕方5時になっても、「今日はノー残業デーだから帰らなければいけないが、明日の会議の資料づくりがまだ終わっていない」となれば、結局は持ち帰って仕上げることになる。

いわゆる「風呂敷残業」「持ち帰り残業」というものは、資料をはじめ必要な仕事のツールがそろっていないことが多いから、社内で残業をするよりも、むしろ効率が悪くなって作業時間は長くなりがちだ。そのうえ時間外労働として認められないのだから、社員にとっての利点はまったくなく、よほど性質が悪い。

また現場の仕事の実態を理解していない上司の中には、ノー残業デーに飲み会を入れたがる人もいるという。これだって部下からすれば、仕事の延長上でしかないのだから、相当に迷惑だ。

なぜこんなことが起こるかというと、日本企業の多くがノー残業デー導入について、本音と建て前を使い分けているからである。

ノー残業デーの導入による企業にとってのメリットは、本来ならば、「個々の社員が、会社外の人、あるいは家族と過ごす時間が増えれば、リフレッシュできて仕事の効率が上がる、また人間としての懐が広がり、仕事の質に還元される」といったあたりだろう。

ところが、多くの企業の本当の目的が「残業代を削る」でしかないのは、皆さんもご存知のとおりである。ノー残業デーを特に設けていなくても、最近は「ワークライフ・バランスの実現」を建て前にして、会社が残業削減を目標とすることもあるが、この場合もやはり本音は同じようなものである。

本音と建て前は別のところにあるのだから、会社に率先して仕事のあり方を変えてもらおうとしてもムダだ。多くの外資系の社員が早く帰るために仕事の組み立て方を考えているように、日本企業の社員も早く帰るための方法を自分で考えたほうが生産的なのではないだろうか。

たとえば、毎週水曜日がノー残業デーならば、前週の木曜日から翌週の水曜までに、何をやるべきかを決めてしまう。クレーム処理や上司からの急な仕事に対応できるように、ノー残業デーの水曜日の午後を空けておくようにする。

そうすれば、急な仕事にも対応できるし、突発事項が起きなければ、翌週のこなす仕事を前倒しで入れることもできるし、その時間で「創造する仕事」をすることもできて、好循環が生まれるだろう。

多くの日本人会社員が、ノー残業デーの順守や残業の削減を会社から要請されて、「仕事の量が減らないし、人員増もないのに、どうすればいいのだ！」と憤っているとは思うのだが、これを機会に時間の使い方、仕事の進め方を見直してはどうだろうか。

そうして、会社を早く離れることができて、自由に使える自分の時間、まとまり時間＝サボる時間を生むことができれば、より生産的な思考ができるようになると思う。

正しい会社員が最も大事にするものは会社の外にある

会社員が最も大切にすべき時間は、会社の外にあると考えている。会社の外といっても、プライベートだけではなくビジネス（仕事）に時間を費やしたって、まったく構いはしない。

ただし、「こなす仕事」は、できれば会社で済ませておきたい。というのも、基本的に、こなす仕事は会社の業務系のシステムに依存していたりするので、そもそも持ち帰りができない性質のものが多い。

また、こなす仕事をこなす時間というのは、本来的に会社に切り売りするものなのだから、持ち帰って作業するのはお勧めできないのだ。

それでも、どうしても「こなす仕事」を持ち帰らなければいけない事態は発生するだろうから、できる限り効率的にしたい。

そういうときの強い味方はやはりＩＴツールになる。まずハード面では、ノートパソコンやスマートフォンなどを常時携帯して、通勤電車や帰宅途中のカフェなど、少しでも空いている時間に手をつけられるなら済ませてしまえばいい。

クラウド系のサービスもとても便利である。会社でつくった書類をドロップボックスなどインターネット上に置いておけるツールで管理しておけば、いちいちメールなどで転送したり、ＵＳＢで持ち運んだりする手間も省けるし、なくしてしまったりするリスクも少なくなる。

一点気をつけるべきことは、情報のセキュリティを責任を持って管理すること。個人情報、売り上げや利益などの機密情報や、顧客との守秘義務契約事項などは、会社の外での作業は厳禁である。いくら気をつけていても、人的ミスは起こりうるので、その点は留意しておきたい。

社内でしか通用しない能力と持ち運びできる能力

次に、ビジネスに時間を費やすにしても、「会社の業務には直接関係ないが、自分のキャリア開発に必要な時間」については、次の2点から考えてみる。

●社内での職責の拡大＝昇進や昇給に直接つながる
●社内外で通用する、持ち運びできる仕事能力の開発たとえば、前者だけを目的にするのであれば、これまでの日本企業でよく見られた、上司との飲み会や休日ゴルフに費やす時間も重要になるのだろう。

しかし、これからの日本企業は、第1章に書いたように、「成果」がより重視されるようになるだろうし、終身雇用と年功序列が崩れつつある今の企業社会では、上司に気に入られることによってポジションを上げていくというやり方が古くなっていくかもしれない（絶対になくなることはないが）。

そこで、獲得したいのが社内外で通用するポータブルな（持ち運びのできる）能力や知識となる。これは、もちろん日ごろの業務でも身につけることは可能だけれど、やはり社外での勉強の時間が必要になることもある。

具体的には、経理部で働いている場合であれば、「最新の会計知識」「会計制度の変化の方向性」になるだろうし、営業部員にとっては、「異業種、他社の売り方」などを学ぶと自分の営業スタイルにも磨きがかかるに違いない。こうした知識を身につけるには、経済紙やビジネス関連書を読んだり、講演会やセミナー、異業種交流会に出席したり、といった方法があるだろう。

私がフィリップモリスでお世話になったブランドマネージャーの先輩には、公私ともにいろいろな相談にのっていただいていた。

「僕も将来ブランドマネージャーになりたいのですが、ＭＢＡは必要ですか？　どんなことを学ぶんですか？」と聞くと、

「けっこうハードだけど取得する意義は大いにある。自分の友人がハーバードを出て面白いことをやっているから行ってみる？」

と言われたのが、現在のグロービス経営大学院の前身だった。当時住友商事に勤めていた堀義人氏が、渋谷の道玄坂の貸会議室を借りて、ハーバードのケーススタディを使い、ＭＢＡのエッセンスを学ぶことができるという週末起業をやっていた。

そこでは、ハーバード・ビジネス・スクール（ＨＢＳ）で学んだ堀氏の友人が講師をし、ＨＢＳと同じやり方で6回コースのマーケティング講座を行っていた。1回約3時間の講座では、ケーススタディをもとに、講師が出す課題を中心にしてシラバスと呼ばれる授業の進め方に沿って、受講者がディスカッションをしていく。

私自身、日ごろの業務が忙しく、ケーススタディをほとんど読み込まずに出席したことが

自分の能力開発も マトリックスで考える

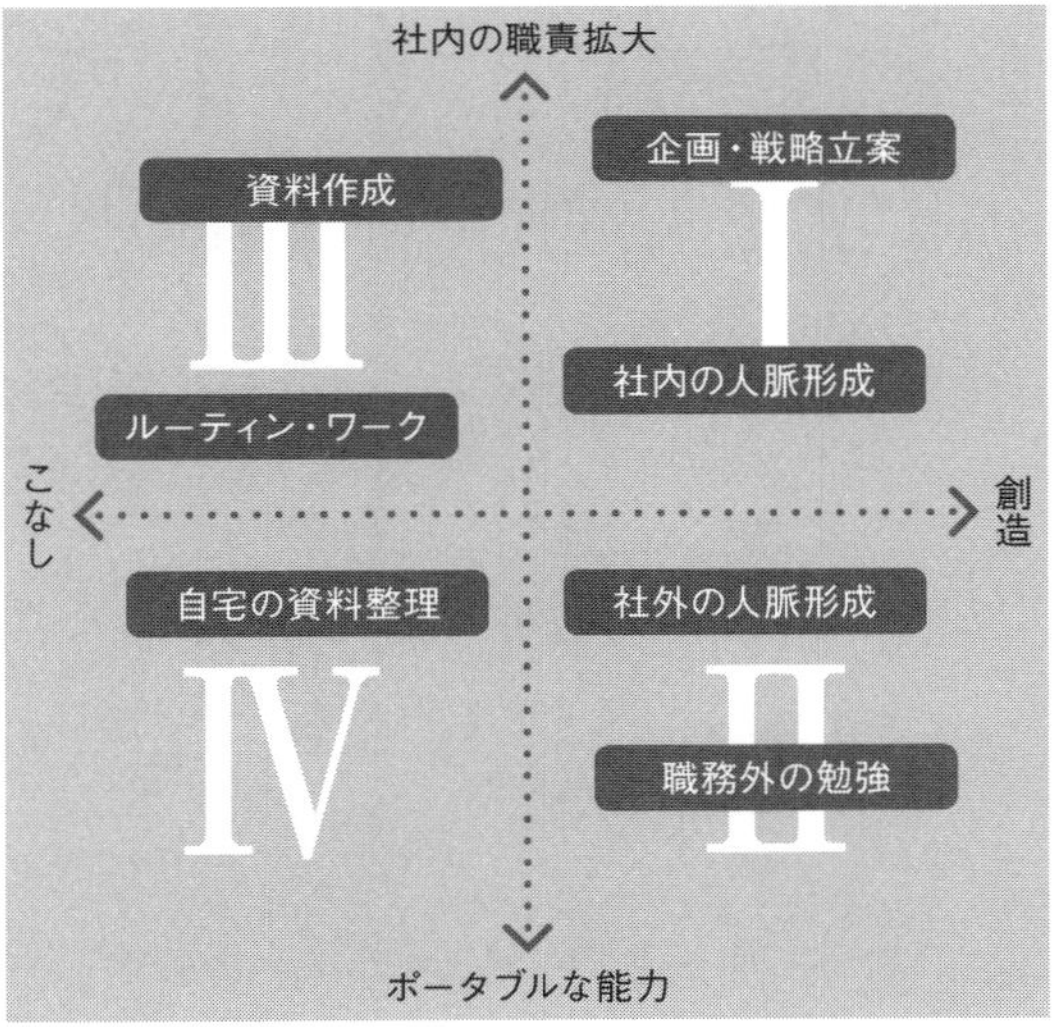

- 会社の中で重要な仕事をしたいなら象限Ⅰを重視する。
- 自分の能力そのものを向上させるなら象限Ⅱを重視する。

数回あったのだが、他の受講者はとても熱心なので、議論に置いていかれることもしばしばあった。

そして驚いたのは、「同じケーススタディを同じシラバスをもとに語って」いるのにもかかわらず、受講者の視点や考え方の切り口がバラバラなことだった。

それもそのはずで、受講者は都市銀行、総合商社、証券会社、メーカー、シンクタンク、など多彩な業界に勤務している人たちだった。そうなると同じテーマを議論していても、マーケターの私が、

「この戦略をとるなら、新キャンペーンを開発して追加の広告予算を確保しよう」

と話すと、商社の人は、

「今の為替レートなら輸入が得だから、海外からの販促物を使ってのプロモーションのほうが効果が高いのではないだろうか」

と反応し、すると銀行員は、

「いやいや、その資金そのものはどうするのか?」

と聞いてくる。

このように、参加者が自分のバックグラウンドを背景とした切り口での発言をする。社外の講座や勉強会に出席する醍醐味はこういうところにある。もちろん勉強そのものも大切なのだが、多彩な意見に触れることによって、今まで思いつかなかったようなアイディアに結びつけられるのだ。

日本人留学生の1日の過ごし方は

社外での勉強を進めていた私は、社会人9年目で経営に目覚め、MBAを取得するためにアメリカに留学をした。留学先はインディアナ大学経営大学院という、当時「ビジネス・ウィーク」誌で全米7位にランクされる学校だった。

アメリカのビジネス・スクールと言えば、やはりハーバードやスタンフォードなどの名門校が上位にいる。インディアナ大学のような地方の州立校は無名なぶん、ランキングの上位につけていい学生を確保しなければならない。カリキュラムを充実させ、学生の満足度も上げてランキングを向上させるために、とても厳しい授業内容になっていた。

1年目は、1学年260人が4つのクラスに割り振られ、前・後期に分けて授業が進められる。前期と後期が終了する際に、各人に成績がつく。日本の優良可と同じで、A、Aマイナス、Bプラス、Bマイナス、Cという具合になるのだが、ここである程度の成績を残さないと有無を言わさず退学になってしまうのだ。

Cをとったらその期でアウトで、Bマイナスも2回続くと退学になると聞いていたので学期が始まる前は戦々恐々としていた。

授業はとても和気あいあいと進むのだが、とにかく予習がたいへんで、1年の前期は月曜から木曜まで毎日2～3コマの授業に出席する前にすべての授業で、以下の宿題が出される。

・100ページ以上教科書を読んでおき理解しておく

・10ページ前後のケーススタディを読んでおき、当日のディスカッションで意見を述べる

それに加えて、各クラス5名ずつのグループに割り振られて半年を過ごすのだが、そのグループで発表する宿題も出される。これらが毎日2～3回の授業で提出されるので、1週間でだいたい10セットをやることになる。

私は典型的な日本人気質であった。出された宿題はすべてきっちりと片づけなければなら

ないと思い込んでいて、教科書も宿題ぶんをすべて読み、わからない単語は辞書で調べ、大事だと思ったところを蛍光ペンでチェックした。ケーススタディに関しては、シラバスがあらかじめ渡され、そこに書かれている当日発言するポイントを、授業での発言用に準備していた。

グループスタディの宿題があるときは、授業のあとに集合し、グループとしての意見をまとめるためにメンバー全員で話し合う。これらを1日のすべての授業に合わせて用意していた。

私の場合は、教科書を読み理解するスピードも遅かったので、アメリカ人と比べて3倍以上の時間がかかってしまう。だから1日のスケジュールは、午前中は授業（私のクラスは月～木まで午前中のみの授業）、ランチのために家にいったん戻って、夕食用のおにぎりを片手にすぐに図書館に行き、深夜までその日の復習と翌日の授業の予習をする、という具合になっていた。

外資系と英会話学校で学んだ英語は使えなかった

グループでの宿題のためにクラスメートの家に行き、5人でディスカッションをする日もあった。また大学院にとっては「就職」が重要事項なので、就職課が開催する企業のリクルーターを囲む夕食会や、著名な経営者を呼んでの講演会も開催されるし、1年目から面接で呼ばれてニューヨークやロスアンジェルスに行くこともしばしばあった。

さらに課外活動も盛んで、私はマーケティング部とアジア・ビジネス・カウンシルという2つのクラブで活動していた。

金曜から日曜までは授業がないので、アメリカ人のクラスメートたちは、木曜の夜は必ずと言っていいほどスポーツ・バーなどで、ピザをつまみながらビールを飲む。

私も友人から誘われる。だが宿題をこなすのに精いっぱいだったので、図書館で勉強をするからと言って断るのが、クラスメートたちとの木曜の夜の会話の定番になっていた。

それまで外資系に勤務し、英会話学校にも通っていたので英語には自信があった。だが、いざクラスに出てみると、教授が何をしゃべっているのかさっぱりわからない。経済学など、数字が出てくるクラスはともかく、組織論や商法など抽象的な授業ではディスカッションにまったくついていけない。クラスメートとの普段の会話もよくわからなかった。

アメリカ人には「沈黙は金なり」という考え方がないので、言葉少なになっていると「こいつは、わかってない」という烙印を押されてしまう。アメリカのビジネス・スクールでは試験の成績と同じくらい、発言することによってどれだけクラスに貢献できるか、が評価の対象になる。

これは、困ったことになった。

アメリカＭＢＡで落第しかけて、手を抜く重要性が理解できた

そうしているうちに前期があっという間に終わり、ついた成績はＢマイナス。後期にもこの成績だと退学になり、２年生になることができない。会社を退職し妻子を連れて不退転の

決意で留学をしたので、さすがに楽天家の私も焦った。

前期が終わると、そのままクリスマス休暇に突入したので、家族で隣のオハイオ州に遊びに行った。これがとても久しぶりの休暇でリフレッシュできたので、落ち込んでいた気分も晴れ後期に突入できた。

後期はクラス替えと、それに伴うグループ再編成もあったし、自分の得意分野のマーケティングとオペレーション（生産・運用管理）の授業が組み込まれてもいた。また、だんだんとアメリカ人との英語での議論もスムーズにできるようになってきている自分に気がついた。

それまでは、「英語で聞き、頭の中で日本語に置き換えて、日本語で考え、英訳してから英語で話していた」のが、「英語で聞き、英語で考え、そのまま英語で話せる」ようになっていたのである。

そして、もうひとつ気づいたことがある。「手を抜く」のが重要だということだ。

もう少し正確に言うと、「手を抜く箇所がわかってきた」ということになる。

教科書をすべて丹念に読む必要なんてなかった。流し読みをして重要そうな箇所だけをマーカーでチェックしメモしておき、そして授業中に出てきた不明点だけを復習すれば十分だったのだ。

英会話で言えば、文法どおりに話をする必要はまったくなく、思いついたままに単語を並べても十分通じることがある。考えてみれば、日本人が日本語で話すときにも、思いついたままに話をしていて、けっこう文法的に怪しいときだってある。

グループでの打ち合わせでも、「アメリカ人のクラスメートと同レベルのことを話そう」と思う必要はなく、自分の強み、たとえば日本の市場特性について発言をすれば、彼らは認めてくれるということに気がついた。

こうなるとグループのメンバーも、「外国人なのにがんばっている」と一目置いてくれるようになるし、他のクラスメートや教授陣も「おっ、やるな」と見てくれるようになる。気分的にもリラックスできて、ますます発言もできるようになり、自由な発想でものごとをとらえられるようになり、よい循環ができてくるのだ。

ＭＢＡでの経験を整理してみると、「本質はクラスに貢献すること」なので、

・授業前に本を読んでおく、ケースを理解しておくことは【手段】

・クラスメートに価値を与える発言ができ、自分が心底理解することが【目的】になる。目の前の緊急度の高い宿題にばかり目を奪われ、本来重要な「柔軟な発想」や「クラスへの貢献」「自分の腹に落とすこと」が見えなくなっていたのだ。まさに本末転倒である。

留学を経験して、その後の仕事に最も役立てられたのは、この本当に大切なことに時間を費やすことの重要性を理解できたことだったようにも思える。

つまり勉強というのは、勉強の内容そのものも大切なのは間違いないのだが、そのほかにも、限られた時間で、いかに目標を達成するかの訓練だと考えることもできる。その意味でも、会社を辞めてまで行ったアメリカ留学では得るものが多かった。

ホームパーティの何気ない会話から生まれたアマゾンのすごいサービス

会社の外の時間が大切と言っても、わざわざ勉強の機会を設けなくても、プライベートの時間だって仕事の思考に役立つ。

家族や友人との時間は大切にすべきだと、いつも思っている。この点は、勤め先が外資だろうと日本企業だろうと変わりはない。

私は、マーケティングの仕事をしてきたので、世の中で、「誰に、何が流行っているのか」ということにはとても敏感でなければならない。

だが、結局は40代の男性という視点から離れることはできないので、どうしても偏ったものの見方になりがちである。

その点、家族との時間をきちんと確保し、妻や子と一緒に夕食を食べテレビを見ていると、いろいろなビジネス上のヒントを無意識のうちに与えてくれる。

たとえば妻や娘は、学校や職場で、嵐の誰が一番人気なのかとか、流行の食べ物やお菓子など、彼女たちの世界のトレンドを教えてくれるので、それをヒントにビジネスに結びつけるなんていうこともある。

私がマーケティングを担当している商品、たとえばラスクを例にとると、妻や娘が疑似ターゲットになってくれるので、広告表現で迷ったりしたら聞いてみることもできるし、C

Mを制作する場合も格好のCMチェッカーになってくれたりするのだ。こうしたことも、普段から家族と良好な関係を築いていないとなかなかできない。

アマゾンで買い物をするときには、サイトに「おすすめ」の商品が出てくる。アマゾン時代に聞いた話では、このアイディアが生まれたのは創業者のジェフ・ベゾス氏が起業間もないころに開いたホームパーティでの、友人の女性との会話からとのことだった。

「ジェフ、ネットで本が買えるサイトを開いたらしいわね」

「そうなんだよ。君も買ってみてよ」

「誰かが私に自動的におすすめ本を教えてくれたらいいのに」

「……なるほど！」

アマゾンで言うところの「おすすめの商品」のサービスは、このようにして誕生したというのだ。

特にソフト化が進んでいる現在のような世の中では、ビジネスのタネはオフィスの外に落ちている場合が多いのである。

一般紙や経済紙はもちろん読む、そしてスポーツ紙も読む

時間をどれほど効率的に活用できたとしても、細切れ時間というのはどうしても発生する。この細切れ時間は何もしなければムダな時間ととらえられ、世間では、「スキマ時間を活用しよう」と盛んに言われるように、勉強や仕事に振り向ける方法が問われている。たしかに細切れ時間を生産的に活用する工夫は大切だろう。

移動中などの時間でも、集中できるのであれば、PCやタブレット端末を片手に仕事を片づけたり、フェイスブックなどのメッセージ機能を使って友人とのコミュニケーションに充てたりすることができる。

また、読書などは簡単で最も安価な自分への投資になるだろう。

「ビジネスブックマラソン」で有名な土井英司氏は、私がアマゾンに勤めていた時代の同僚で、当時から1年間に1000冊もの本を読んでいたそうだ。常時ジャンルの異なる3冊く

らいの本をカバンに入れていて、気分によって読みたいものを読むという工夫をしていたという。

また、いつもコピーの裏紙を持ち歩いているという人もいる。彼は今後の新規ビジネスの展開方法、あるいはクライアントへの新しい企画案などについては、最初からリサーチなどをせずに、思いつくままにまずは裏紙にアイディアを書きなぐったり、マインドマップを書いてみたりするそうだ。そしてそこから徐々にまとめていき、最終段階でパソコンソフトを使って仕上げをするという。

私も形のないことから「何か」をつくりだすには、アナログで始めるのがいいと思い、実際にメモや紙は大いに利用している。アップルのスティーブ・ジョブズ氏がｉＰｈｏｎｅの発表プレゼンテーションで、

「指は世界最高のポインティング・デバイスだ」

と言っていたとおり、人間が右脳で考えることを表現するには鉛筆と手が一番だと思う。

ただし、ムダに使っていると思っている細切れ時間も、考えようによっては無理に生産性を上げようとする必要はないのではないか。

優秀な私の知り合いの例だが、「移動中などには、よくリラックスしてスポーツ新聞を読んでいる」と言うのを聞いて驚いたことがある。いつも仕事のことばかりを考えている人だと思っていた。

しかし、やはりいつも仕事のことを考える人であった。スポーツ新聞にはビジネスのタネがたくさん詰まっているというのだ。

私が住んでいる名古屋には、熱狂的なドラゴンズファンが多い。名古屋には、3部くらい中日スポーツが置いてある喫茶店もよくある。この新聞、10対3でドラゴンズが負けても「惜敗！」などと書きそうな勢いなので（実際には書かないと思うが）、私も含め、多くの名古屋人は洗脳されてしまっている。

言われてみれば、名古屋では（東京や大阪では違うだろうが）、ドラゴンズのネタに精通しているというのは、たいへんに強力なビジネス・ツールになりうるのだ。

また改めて手にしてみれば、スポーツ新聞にも、たしかに読みどころがたくさんある。

芸能面には旬のエンターテインメント情報が満載なので、世の中の流行をつかんでおくことができるし、社会面の記事を一般紙や経済新聞の論調と比較してみると、多面的にものごとが把握できて勉強になる。掲載されている広告も、いろいろな意味で一般紙とは違っているので、男性やスポーツ好きの人たちに好まれる商品の傾向なども把握できる。

普段は小難しいビジネスの話ばかりをする人が、実はＫＡＲＡや少女時代の熱いファンだったとしてもまったく不思議なことではない。

少なくともマーケターである私にとっては、ＫＡＲＡや少女時代のことをよく知っているということは、いろいろな人から「心からほしい」と思ってもらえる商品や企画を考える際には、大いにヒントを与えてくれる。

一般紙や経済紙を読むのは当たり前としても、娯楽としか思えなかった情報だって、実際には仕事にたいへん役立てられるものなのだ。

1人で食べるランチはカウンターに座る

会社員にとって、ランチタイムはコミュニケーションの場として重要である。社内よりもリラックスして話すことができるので、いいアイディアが生まれることもあるし、同僚の違った一面も発見できる。違う部署の同僚を誘ってみるのも社内情報の幅を広げるという意味で有益だ。

それだけでなく、ランチタイムはビジネスの勉強の場にもなる。

知り合いのマナー講師は、

「料理を出すときには両手を添えてほしい」「あの注文のとり方は客の感情を害する」といった感想を、接客法を考える際の参考にしているという。

また経営コンサルタントをしている知人は、1人で食事に出かけるときは、必ずカウンターに座ってみるという。

調理の様子やシェフがお店の人にどんな指示を出しているのか、さらには片づけの手順などを観察すると、「サラダは最初から盛りつけておけば早く出せるのに」など効率的なオペレーションについていろいろ考えられるのだという。

それだけでなく、「この店は30席あって、3回転するとして粗利は3万円、従業員が3名だから十分元はとれている」と類推することが経営分析の訓練にもなるらしい。

私も好奇心が強いほうなので、新しい店が近くにできると必ず立ち寄っていた。そういえば、できる限りいろいろな店に行って、それぞれの店がどのように価格設定をしたり集客をしたりするのかをチェックしたりもしていた。

店によって、「AランチとBランチはここが違うだけで200円も違うのか」とか、「この店の看板は斬新だ」といった新たな発見があり、新企画に反映させたり、広告デザインの参考にしていた。

わざわざ勉強をする時間を生み出そうとしなくても、勉強のタネはそこかしこにあるのだ。

第５章

なぜサボるのか

役割が違えば、ものの見方も違う

私は浪費家である。一方、妻はとてもしっかり者である。

以前、私は料理をするときも、レシピ本に沿って、あらかじめすべての材料を買いそろえていた。

妻は、「これは冷蔵庫にあるのだから、ちゃんと見てから買うといい」など、アドバイスというのか、やんわりとした命令というのか、とにかく細かく（口うるさく？）指示をしてくれた。

その熱心な教育のおかげか、今では冷蔵庫にあらかじめ残っている食材をチェックしてから買い物に出かけるようになったし、またレシピどおりでなくても代用できる食材があれば、それを使うようになって、ムダな食材費をかけることもなくなった。

妻の主婦としての視点が、私の浪費癖を修正してくれたのだ。

立場や役割の違いによって、ものの見方が変わってくるというのは、企業におけるさまざまな職種でも同じである。
たとえば、若干の語弊はあるかもしれないが、企業では、
マーケティング部＝浪費家
経理部＝節約家
という傾向があるように思う。私がこれまで勤めてきた会社では、マーケターと経理担当者は正反対の発想をしていた。
「今度のキャンペーンでは、テレビＣＭを中心に３億円の予算を組み、認知度向上を図ります」
マーケターが、こう宣言すると、経理部の人（ファイナンス・ガイ）は反対する。
「その予算はどこから出るんですか？　本社は、追加の予算は認可できないと言っています」
こういう会話が繰り広げられたのだ。これは一般的にそれぞれの部署の人たちが、「マーケター＝拡大志向＝売り上げ向上」「経理部＝節約志向＝原価低減」というＤＮＡのもとで仕事をしてきたからである。

その他の部署でも、多少のオーバースペックになっても性能の向上を追求し、価格の高い商品をつくりがちな開発部。多少の利益率の低下には目をつぶっても、全体としての売り上げを伸ばそうとして、値引き販売に走りがちな営業部。原価率の低下が至上命題で、つねに原材料費の低減を目標とする仕入部……。

マーケティング意識が高まった現在では、各部署が会社全体を見られないという点について、かつてほど極端ではなくなっただろう。

だが、それでもやはり社内における役割の違いによって、それぞれのものの見方が違う傾向はあるはずだ。

戦略はマーケティング、省力はカイゼンで思考する

企業においては、売り上げを上げ、原価を下げることによって、利益を増やすことが大前提になる。

だから「拡大志向」と「節約志向」の機能はどちらも重要である。2つの要素がそれぞれ満たされて、より多くの利益を上げることができるようになるからだ。

大企業では、組織が多様で役割分担もはっきりしているので、それぞれの部署が自分たちの使命を果たすことで、全体としてバランスよく運営していこうとする（うまくいっていない例はけっこうあるのだが）。

一方で、組織がそれほど大きくない会社では、社員が全体を見る意識を働かせなければ、うまくいかない。

私が勤めていた当時のアマゾンは、少数精鋭の組織だった。そのため、部署の違いによって意見が衝突することもあまりなく、担当者の間での意思疎通もとてもスムーズであった。

マーケティングの担当者が、

「今回のプロモーションでは1億円の費用配分にしたいけれど、予算的にはどうか？」

と聞くと、ファイナンス（経理）の担当者は、

「本社に確認して、不足の3000万円の確保が可能かどうか聞いてみる」

というようなやり取りが恒常的に行われていた。

仕事をしている「個人」も、少数精鋭の会社と同じでなくてはならない。自分自身の内側に、同じものを見ても違った見方ができる複数の視点を持てなければ、社会人としてのバランスを確保できないのだ。

それは自分の「時間管理」についても言える。提案したいのは、マーケティング思考とカイゼン手法の視点を持つことである。

マーケティング思考は、STPのようにターゲットとなる重要な仕事を確定させ、そこにどれだけの時間を投入すれば、仕事や自分の価値を高めていけるかを前向きに考えることだ。これは攻めの思考、戦略的な思考と言える。

一方、カイゼン思考は、まとまり時間を生み出すためにジャマをする、働き方やスケジュールの組み方のムリやムダ、ムラを丹念に検証して、時間の「不良品」を生み出さないようにしていくことだ。これは守りの思考、省力の思考と言えるだろう。

攻めと守り――。片方だけでは足りない。両方がきちんと実行できて初めて、バランスよく時間と付き合えるようになると思う。

時間管理には、攻めの思考と守りの思考のバランスが必要だ。

最も重要なことは目的を明確にすること

私は企業コンサルティング以外にも、起業したての方や第二の創業をしたい個人事業主の方から個人コンサルティングを依頼されることが多い。

つながりを大事にする名古屋人は、新しいソーシャルメディアにはとても敏感である。さまざまな勉強会やブログやフェイスブックで私の活動を見た方から、コンサルティングの依頼をいただく。そして、さまざまな質問をいただく。

「フェイスブックが流行っていて、私の周りでもみんなやっているんですが、私もやるべきですか？」

「ツイッターに取り組むと集客数が上がると聞きましたが、私も始めたほうがいいでしょうか？」

そのとき、私はまずこのように問い返すことにしている。

「今回、一番やりたいこと、やるべきだと感じていることは何ですか？」

言い尽くされているとは思うが、ビジネス環境の変化が激しく、革新的なテクノロジーやネット上のサービスが次々に生まれる現代では、自分自身が変わり続けること、そして新しい取り組みにトライすること自体はとても正しい。

ただし、新しいものにチャレンジする前に考えておくべきことがある。ビジネスの目的はどこにあるのか——それを明確にしたあとで、「誰に」「何を」をしっかり固めておくべきなのだ。

これはマーケティング戦略の基本中の基本なのだが、戦略立案時には、「誰に＝ターゲット」と「何を＝プロダクト」をとことん考え抜き、そのあとに「どうやって＝プロモーション」するかを決めていく。選択肢が無数にあるプロモーションのやり方を先に決めてしまうと、最適な選択肢にたどり着かないことが多い。当たり前である。

事業の性質や会社や顧客の状況によって、企業がマーケティングにおいてすべきことはそれぞれに異なる。

新製品の導入であれば告知と市場への浸透が最優先課題となるし、顧客のロイヤルティ（愛着心）を確保しようとすれば、顧客満足度向上の企画が必要になるだろう。

それに、同じ新製品の導入であっても、ターゲットになる顧客層や商品の性格の違いによって、それぞれの広告の内容も違ってくるし、目的に合致するメディアもさまざまな種類が選択肢になりうる。

マーケティングではプロモーション計画を立案する場合に、どんなメディアを使うのかについて、「まずはすべてを白紙の状態にして考えるべき」という意味で、これを「メディア・ニュートラル」と呼ぶ。

時間を管理し、自分をマーケティングしていく場合も同じだろう。まず自分が置かれている状況を客観的に把握して、次のポイントを考える。

「今、自分に必要なことは何か？」

「やるべきこと、達成すべきことは何か」

このプロセスが最も重要だという点において、時間の管理も企業の活動と同じなのだ。目的を明確にしたあとで、自分の仕事や働き方の棚卸しをして、時間管理の戦略を立てていくのである。

何度も繰り返すが、

「どうやって時間を短縮し、まとまり時間をつくるべきか?」は手段であって目的ではないのである。

生活と仕事のバランスを考える出発点はどこにある?

アメリカのビジネス・スクールに留学した最初の半年は、英語も話せず、授業にもついていけず、落第一歩手前まで追い込まれていた。アメリカ人のクラスメートからは「口数の少ない、何を考えているかわからないヤツ」と思われていると感じて、精神的にもつらい毎日だった。

毎晩12時すぎに図書館を出て家族寮に帰宅すると、夜更かししている1歳の息子と妻が、「おかえり」と笑顔で迎えてくれ、一緒に遊んでくれた(?)ので、気分も一新され、がんばることができたと今でも感謝している。

私にとって最も大事なものは家族であり、友人であり、人とのつながりである。「私生活と仕事のどちらが大事ですか？」と聞かれたら、迷わず「私生活です」と答えるだろう。

私は大学の経営学ゼミの卒業論文で、同級生たちが「日本的経営の特長」や「男女雇用機会均等法」について書いていたときに、「現代人の幸福感」をテーマにした。担当教授からは、「とてもよいテーマの設定です」と評していただいたのを覚えている。

論文の結論は、「多種多様な価値観の中で、自分が『これだ！』と感じることを見つけることが幸福感の充足につながる」とした。これが、現在私が感じている「ワークライフ・バランス」の原点になっている。

誰もが二足のわらじをはいている

人は誰でも二足以上のわらじをはいている。

私は個人コンサルティングの依頼を多くいただくが、大半が女性の個人事業主・中小企業経営者からの相談になる。名古屋はがんばる女性が多いところで、彼女たちの相談内容はもちろん自分のビジネスをどうやってマーケティングしていくか、ということが出発点になる。

その際、彼女たちの多くに共通しているのは、「女性ならではの二足のわらじ」をどのようにはきこなしていくのかがネックになっていることである。

結婚している場合は、ビジネスパーソンとしての顔に加えて、妻や母親としての役割もあり、その役割をはたすための時間が制約条件になっているんです、という相談もいただく。

私の友人の女性イメージアップ・アドバイザーは、講師としてセミナーや交流会に忙しく、出版活動も精力的に行うなど、仕事に力を入れると同時に、旦那さんや息子さんたちとの時間もとても大切にしている。

彼女の価値観では、何よりも家庭が優先される。だから午後6時までには仕事を終えるようにスケジュールを組んでいる。

価値観が多様化している現在では、何を一番大切にするかは人それぞれであっていい。彼女のように、人生の価値をどこに置くのかを明確にできれば、これほど素晴らしいことはない。ただし、それは取捨選択というドライな割り切りではない。家庭に重きを置く彼女の生き方は、イメージアップ・アドバイザーの仕事にも何かしら好影響を与えているだろう。

何もしなければ分離してしまう酢と油も、塩とコショウを入れて混ぜればおいしいドレッシングになる。リラックスタイムやプライベートも、そのときそのときを心から楽しめば、ビジネスにおいても相乗効果が生まれ、より魅力的な働き方が実現できると思う。

目的をすべて達成するためには、時間が圧倒的に足りない

会社員時代から異業種交流会やセミナー、英会話学校など、会社の外で活動するのがとても好きだった。結婚記念日や家族の誕生日など、家族にとって特別な日には、有給をとったり、定時でさっさと帰ったりしていた。

それでいながら、仕事で自己実現もしたいわけだし、結果を出せなければ、生活にも困ることになる。だから、ときには仕事の優先順位を私生活より上げなければならないことも出てくる。

絶対に早く帰宅したい日に、深夜12時すぎまで残業をせざるをえなかったことがある。

「息子の誕生日のうちに家に帰れなかったのは、あの子が生まれて初めてですよ」と、ひど

く嘆くと、上司は「まあ、そういうこともあるよな」と、あまり気にもとめない風情なのである。

時間の使い方を考えるきっかけはいろいろある。前述の「目的」で言えば、家族との時間は充実させたい。自分の人生も楽しみたい。仕事でも結果を出したい。これらを同時に成立させるには、時間が圧倒的に足りない。

圧倒的に足りない時間をいかに有効に活用するかを考えた末に、まとまり時間＝サボる時間を確保したうえで、細切れ時間を活用することを実践したのである。このサボる時間を確保して、絶対にそこを守ろうと「作業」を効率化したら、仕事を離れて働かない時間、プライベートの時間も楽しめるようになって、文字どおりサボれるようになったのである。

「会社人間」になるより、「仕事人間」になろう

起業するまで多くの会社で働き、さまざまなタイプの上司、部下、同僚と仕事をしてきた。残業や有給取得については人それぞれ、考え方が大きく違っていた。

「また有給をとるのか？　仕事はきちんとしているのか？」と言う人がいた。

「今日は結婚記念日なのだから、早く帰りなさい」と言う人もいた。

前者は、生活を「仕事とそれ以外」に分けて考えるタイプで、後者は「生活の中にプライベートと仕事」があると考えるタイプと言えるだろうか。こうした考えの違いは、仕事に対する価値観の問題なので、どちらが正しく、どちらが間違っているかを論じても意味がない。

一概には言えないが、私の経験では、「また有給をとるのか？」と反応するタイプの人は、社内での上からの評価が高く、出世も早い傾向があった。一方、「結婚記念日は早く帰りなさい」と言うタイプの人は、部下や同僚に慕われた。

会社人間という言葉がある。会社に対して高い忠誠心を持ち、誠実に働く人という意味もある。だが私は「会社人間」を、会社に対して自分をよく「見せる」ために一生懸命な人と定義している。

外資系であろうと、日本企業であろうと、「会社人間」は休日出勤やサービス残業、付き合い残業、社内の飲み会への積極参加をすることにより、会社のために働いている姿を「見せる」、忙しそうに「見せる」ことに努力していたように見えた。

残業や休日出勤を否定するつもりはまったくない。先にも書いたように、業務上のタスクが過剰に積み上げられ、否応なく超過勤務を強いられている人も多いだろう。本書を手にとっていただいている読者の方は、どうすれば時間を有効に使えるかに関心があるのだから、ほとんどの方が毎日の仕事に追われ、精いっぱい努力されているのだと思う。

ただし、がむしゃらに働けば結果が出せた時代は残念ながら終わってしまった。

成果を出せる「創造する仕事」をするには、深い専門知識や社歴の長さなどももちろん重要だが、業務とは別の幅広い知識や見識、柔軟で臨機応変な姿勢、世の中のトレンドに対する敏感さが、「仕事の質」のレベルを上げるためには絶対に必要だ。ビジネス全般がソフト化している現代では、この傾向は今後ますます強まっていくだろう。

これらの素養を身につけるには、会社の中から広く外に出て、自分とは異なる価値観に触れたり、芸術や文化など仕事とは一見関係ないことを体験したりすることが必要なのだと思う。だから業務は効率的にしなければいけないのだ。

上の人から評価されることが、組織において責任のある立場になるために重要であるのは、古今東西を問わず人間社会の真理である。

だが、上から気に入られるために、ここで言う「会社人間」になる必要はないかもしれない。実質が伴うように本当にしっかり働き、成果をあげて、それをしっかりアピールすればいいのではないだろうか。そういう人を「仕事人間」と呼びたい。

人生の全体最適を考える

経営において、組織や事業全体を見まわし、会社全体として最適の資源配分をしたり調整を図ることを、全体最適と言う。一方、各部門内だけでの最適化のことを部分最適と言う。個別の部門はなかなか全体的な視点を持てない。だから組織と事業の全責任を負う経営者は、全体最適をいかに実現させるかを頭に入れて行動しなければならない。

人間の生活を「仕事＝公」と「私生活＝私」とに区別するのであれば、どちらを重視するかは個人の価値観の問題だが、少なくとも私は双方を両立させる全体最適をめざし、そのあとに部分最適を図るように努力したい。

「自分にとって最も大事なものは何か？」

仕事でも家族でも趣味でもいいし、それら全部と言ってもいいと思う。漠然とした夢でも構わない。そして、最も大事なものを最適な状態にするために、限られた時間をどう使うのか。気負わずに、しかしじっくり考えることをお勧めしたい。それが、正しくサボって人生を楽しむための近道だろう。

おわりに

私にとって初めての書籍を刊行することになった。私は仕事をすることも大好きだし、もちろん遊ぶことも大好きである。

暇さえあれば本を読み、映画を観て、おいしいものをつくって食べ、しばしば旅行に出かける。子どもたちと時を過ごすことが生きがいで、一緒にテレビを観たり、学校の話を聞いていると大きな幸福を感じる。

サラリーマン時代は、すべてが順調というわけではなかった。ＭＢＡを取得して数々の会社に勤めたが、毎日の残業は多いし、休日も出勤しなければならないことがよくあって、心身ともに疲れ果てていた時期もあった。

そんな状況の中で「何かを変えなければ」と、週末起業を思い立ち、ブログを書き始めてから、「時間」の重要さに目覚めた。

毎日始業時間の1時間前にはオフィスに行って社業をこなし、ランチの最中や帰りの電車でブログを書くという、ハードではあるがとても充実した日々を過ごしていた。

起業してからも1日に3つの記事をブログに書き続け、メルマガを発行し、最新のソーシャルメディアが出れば真っ先に取り組んで、毎月数本、講師としてお招きもいただき、各種のイベントにも出席させていただいた。

そんな様子を見た周りの人たちからは、

「いつ寝ているんですか？　なぜ頻繁にブログやツイッターを更新して、いろいろな会に出ることができるんですか？」

と聞かれる日々だった。

原動力になっているのは「自己実現」への強い欲求だと思う。私は欲張りなので、家族との時間を大事にしながら、仕事でも成功し認められたいと思い続けている。

この本で言いたかったことは、「できる社員になりましょう」「サボり人間になりましょう」「会社や社会で認められましょう」ということではない。訴えたかったことはシンプルである。

「自分が大切に思っている、やりたいことをできる限り全部やりましょう」

これに尽きる。

何度も言うが、時間を管理し、時間をつくることは手段であって目的ではない。人生の目的はあくまで「幸せになること」だと私は思う。そのためにも、過ぎ去ったら帰ってこない時間を大事にしたいといつも考えているのである。

その意味で私の人生に多大な影響を与えてくださった人たちには感謝を申し上げたい。

静岡大学で教鞭をとっておられた篠原三郎元教授、中央発條株式会社で「社会人とは」ということを教えていただいた梶原勇介氏、フィリップモリス時代にマーケティングの楽しさを教えていただいた加倉井隆男氏、ジュピターテレコム時代にマネジメントの基礎をたたき込んでくれたブラッド・ガン氏、経営の厳しさと魅力を教えてくれたプライム・ショッピング創業社長の田端一宏氏をはじめとする会社員時代の上司や同僚の皆さんには、今でも深く感謝をしている。

また、起業して以来の目標だった出版が実現できたのも、日本経済新聞出版社の方々の励ましのおかげで、のびのびと書かせていただくことができた。

最後に、この本のテーマである人生と仕事を最高に楽しむための最も大切な存在である家族に感謝したい。これまで、自分中心な私を支えてくれた妻　弘子、いつも明るく心の支えになってくれている修一朗、莉麻、本当にありがとう。

２０１１年8月

理央　周

理央 周《りおう・めぐる》

本名、児玉洋典。コンサルタント、講師。1962年、名古屋市生まれ。静岡大学人文学部経済学科卒業後、大手製造業勤務などを経て、インディアナ大学経営大学院卒（MBA）。ジュピターテレコム、アマゾンなどでマーケティングに従事し、2001年マーケティング　アイズ株式会社設立。ブログ・フェイスブックを中心に〝売れる仕組み〟を発信中。
URL http://www.businessjin.com

日経プレミアシリーズ｜135

サボる時《じ》間《かん》術《じゅつ》

二〇一一年九月八日　一刷

著者　理央　周
発行者　斎田久夫
発行所　日本経済新聞出版社
http://www.nikkeibook.com/
東京都千代田区大手町一―三―七　〒一〇〇―八〇六六
電話（〇三）三二七〇―〇二五一（代）

装幀　ベターデイズ
印刷・製本　凸版印刷株式会社

ISBN 978-4-532-26135-1　Printed in Japan

日経プレミアシリーズ058

航空機は誰が飛ばしているのか

轟木一博

「東京タワーはなぜ紅白？」「ロミオとジュリエットと日本の空港の不思議な関係」「羽田を国際化するための課題って？」……。航空管制の実務に携わった著者が、航空機の運航の実態やルールをわかりやすく解説し、これからの「日本の空の戦略」を問う。

日経プレミアシリーズ065

売り方は類人猿が知っている

ルディー和子

不況に直面して購買を控える現代人は、猛獣に怯えて身をすくめるサルと同じだ。動物の「本能」を通して、人間の感情を分析すれば、消費者の行動形態もよくわかる。興味深い実験を数多く紹介しながら、不安な時代に「売るヒント」を探る、まったく新しい「消費学」の読み物。

日経プレミアシリーズ075

残念な人の思考法

山崎将志

やる気も能力もあるのに、仕事がうまくいかないのはなぜ？――顧客を取り逃がす営業マン、上司に振り回されては見放される若手社員、行列しているのに儲からない飲食店など、日常で経験する「残念」な例をもとに、誰もが日々の仕事に取り入れられるプライオリティ思考法のエッセンスを紹介。

日経プレミアシリーズ 089

猫背の目線

横尾忠則

古稀を迎えた猫好きの芸術家は考えた。「忙しいのは他人の時間に振り回されるから」「病気自慢が体を浄化する」「努力は運命の付録のようなもの」——老年が人生を仕上げる時期ならば、ひとつ人生を遊んでやろう、遅ればせながら隠居を実行しよう。自然に、創造的に生きたい老若男女必読！

日経プレミアシリーズ 092

2020年、日本が破綻する日

小黒一正

公的債務が膨らみ続ける日本……。財政は債務超過状態に陥り、破綻の危機が迫る。残された時間は少ない。どんな手を打つべきなのか。気鋭の研究者が、財政危機の現状を詳細に説明し、社会保障制度改革など再生のプランを具体的に提案する。

日経プレミアシリーズ 097

梅棹忠夫　語る

梅棹忠夫・小山修三

他人のまねをして何がおもしろい？——未知なるものにあこがれ、自分の足で歩いて確かめ、自分の目で見て観察し、自分の頭で考える。オリジナリティを大事にして、堂々と生きようやないか！　閉塞感・不安感に満ちた現代日本人に向け、「知の巨人」が最後に語った熱きメッセージ。

日経プレミアシリーズ104

カンブリア宮殿［特別版］村上龍×孫正義

村上龍 著・テレビ東京報道局 編

「勝算7割で勝負せよ」「幸運の確率を高めよ」「志高く」――。時代の変化を巧みに読み取り、ソフトバンクを一代で巨大グループに育て上げた孫正義。創業30年の成功と危機を徹底取材する中で、浮かび上がった起業家としての資質、経営哲学、情報革命の行方とは――。作家・村上龍が「孫正義の現在と未来」に迫る。

日経プレミアシリーズ107

嘘をつくコレステロール

林洋 著　重松洋 監修

今日もどこかでコレステロールがこんな嘘をつく。高いほうが長生き、魚を食べれば大丈夫、薬に頼ってはいけない……。いったい真実はなんなのか。代謝学の専門家が、世に広がる誤解を解き、どうすれば健康な生活を送れるのか、ユーモアを交えて語り尽くす。

日経プレミアシリーズ109

不動産で豊かになる10年先の読み方

幸田昌則

不動産市場の構造が変わった。目先の価格や金利で売買を判断すれば、待っているのは大きな後悔……。では、どうすればいいのか。豊富なデータから時代を読み、「『売れない不動産』は買わない」「購入価格よりランニングコストを考える」など行動指針を具体的に説く。大切な資産を守るヒントが満載の一冊。

日経プレミアシリーズ 115

江戸のお金の物語

鈴木浩三

「銭の単位は十進法、金は四進法と十進法、銀は秤で量って使う」「お茶や薬は銀、日用品は銭で支払う」――やたらと複雑だった江戸時代のお金は、いったいどのように作られ、稼がれ、使われていたのか。意外に知らない江戸の通貨事情をユニークなエピソードとともに紹介する。

日経プレミアシリーズ 116

仕事オンチな働き者

山崎将志

なぜピントのずれた努力を重ねてしまうのか。仕事オンチを脱却するためには、定数aの正しい理解が必要である――洗濯機のガタガタから学ぶヒットの法則、〝人気女優似〟に知るブランド力、話がつまらない人の残念な特徴など、ビジネスシーンその他で使える身近なヒントを紹介する。

日経プレミアシリーズ 117

伸び続ける会社の「ノリ」の法則

遠藤功

リストラ、節約、残業禁止令……日本の職場に「ノリ欠乏症」が蔓延している。ノリが悪いままでは、戦略を練ろうが組織をいじろうが、成果には結びつかない。社員のやる気に火をつけ、みんなで盛り上がり、稼ぎまくる会社に生まれ変わるための「ノリづくり」の手法を紹介する。

日経プレミアシリーズ119

「新型うつ」な人々

見波利幸

社員に軽く注意をしたら不調を訴え会社に来なくなった、異動や職種転換の後、やる気をなくし休みがちに……20代から50代まで多くの相談者をカウンセリングした著者が、急増する「新型うつ」の実態を事例から掘り起こすとともに、社員を「新型うつ」にしないための対策や、ストレスマネジメント法まで、対処法を提案する。

日経プレミアシリーズ122

人事部は見ている。

楠木新

人事評価や異動は、実務ベースではどう決まっているのか——。一般社員がなかなか知ることのできない「会社人事のメカニズム」「人事部の本当の仕事」などを、大手企業で人事に携わった著者が、自身の経験と人事担当者への取材をもとに包み隠さず書き尽くす。

日経プレミアシリーズ123

ＩＦＲＳに異議あり

岩井克人・佐藤孝弘

自明のことのように語られているＩＦＲＳ（国際財務報告基準）導入。しかしＩＦＲＳは理論的に大きな欠陥を抱えているだけではなく、導入企業に莫大なコストを課すこととなる。日本企業の命運を左右するＩＦＲＳ導入の是非を問い、戦略的対応を提言する問題提起の書。

日経プレミアシリーズ125

緊急提言　日本を救う道

堺屋太一編著

千年に一度の危機に瀕する日本。復興財源をどうするか、電力供給の真実とは、震災後の産業構造、農・工・知価産業が連携した新しい東北——。堺屋太一が各界の専門家たちと対談。官僚主導から訣別した「新しい日本の気持ちとかたち」を緊急提言する。

日経プレミアシリーズ127

ジョージ五世

君塚直隆

現代英国の礎を築いた名君、ジョージ五世。ヴィクトリア女王の孫として生まれ、突然の即位、「いとこたちの戦争」と言われた第一次世界大戦、世界恐慌をいかに切り抜けてきたのか。昭和天皇が終生手本として尊敬してきた国王の波瀾万丈な人生を生き生きと描く。

日経プレミアシリーズ129

故事成語の知恵

松本　肇

日本人にも深く親しまれる故事成語。しかし言葉の由来や本来の意味は意外に知らない。「『折檻』とは、目上をきびしくいさめること」「『春眠　暁を覚えず』はエリートになれない男の悲哀」など、さまざまな故事成語の成り立ちや使い方をわかりやすく紹介する。面白くて為になる大人の教養。